住宅現場
公開講座

品質を守る設計図の見方・つくり方

力石眞一

井上書院

●はじめに

　欠陥工事は職人さんの間違いや手抜きによって生じる，という認識が一般的だと思います。筆者もそれに同意しますが，それだけが全てとは言えないと考えています。なぜなら，筆者は第三者監理者として他社が設計した現場に立ち会うことがありますが，この仕事を通じて，図面通りに仕事をすると欠陥工事が生じてしまうことが避けられない場合があることを知っているからです。欠陥工事を行った職人さんは，その理由のいかんにかかわらず責任を免れることはできませんが，このようなケースでは，その根本的な原因は設計図にあると言わなければなりません。

　なぜ，こうした欠陥設計ともいえるような図面が描かれてしまうのでしょうか。

　一定の規模以上の工事とは異なり，一般的な木造住宅では，設計者が現場で常駐監理をするケースは皆無といってよく，非常駐監理すら行う機会をもてない設計者が少なくないという現実があります。また，ほとんどの大学のカリキュラムには木造住宅の現場作業に関する内容は含まれていないようです。こうしたなかから，現場でどのような仕事が行われているのかをまったく知らない設計者が珍しくないという状況が生まれていると感じます。
　こうした問題を乗り越えるために，本書では設計図が原因といえる欠陥工事の実例を示し，どのようにすればそうした欠陥工事を避けることができるかについて述べています。

　本書は，実務について間がなく，現場の実態を知る機会の少ない設計者の方を対象に書かれていますが，経験を積んだ設計者，職人さん，施工管理者の方々はもちろん，建築の専門教育を受けていない営業マンや建築主の方々にも知っておいて欲しい基本的な知識についても触れています。

　本書には現場でよく見受けられる問題に絞り込んで掲載しました。これが問題の全てではなく，読者の周辺の現場だけに見られる特有の問題もあると思います。「住まいづくり」に直面している方々が，本書をきっかけにしてそれらを見つけ出し，欠陥工事の発生を防いでいただけたなら，それは筆者の大きな喜びです。

2007年2月　　力石眞一

● 目 次

はじめに …………………………………………………………………3

1章　「欠陥を生じがちな形」がある
1　「欠陥を生じがちな形」を知ることが欠陥工事を防止する ………6
2　パイプシャフトを設けているか …………………………………7
3　屋根の形状は適切か ………………………………………………16
4　小屋裏の換気は適切か ……………………………………………27
5　配慮することなくバルコニー直下を居室としていないか………29

2章　確認申請書には不要でも検討すべき内容がある
1　検討や作図を省略してしまうことが欠陥を生む ………………38
2　接合金物位置図を描いているか …………………………………43
3　耐力壁の釣り合いを偏心率で検証しているか …………………46
4　地盤調査報告書を設計者自身でも評価しているか ……………51
5　不適切な架構になっている部分はないか ………………………62

3章　指定しておくべき仕様がある
1　指定すべき仕様は現場が教えてくれる …………………………68
2　浴室の断熱への配慮があるか ……………………………………69
3　納まりを考慮して金物を指定しているか ………………………73
4　排気ダクトに対する配慮があるか ………………………………80
5　配線・配管が貫通する部分への配慮があるか …………………84
6　釘の「はしあき寸法」への配慮があるか ………………………90
7　フック付き鉄筋の使用への配慮があるか ………………………97

あとがき――欠陥工事を生まない設計図を目指して ………………101
引用文献・参考文献 ……………………………………………………103

1章

「欠陥を生じがちな形」がある

1 「欠陥を生じがちな形」を知ることが欠陥工事を防止する
2 パイプシャフトを設けているか
3 屋根の形状は適切か
4 小屋裏の換気は適切か
5 配慮することなくバルコニー直下を居室としていないか

1 「欠陥を生じがちな形」を知ることが欠陥工事を防止する

❶設計の初期段階から，「欠陥を生じがちな形」を避けた図面づくりを心がける

　この章では，平面図や立面図などに見られる「欠陥を生じがちな形」について説明しています。

　これらの図面は，設計の初期段階からスケッチ図などの形で建築主に提示されることになりますが，決定案に至るまでの間に何度かの変更を経ることが一般的です。そのため，いつでも修正できると考えて，納まりを十分に検討しないまま図面を描いてしまうこともあると思います。

　しかしながら，これは大変危険な進め方だと言わなくてはなりません。それは，決定案を実施設計段階でうまく納めようとしても，そもそも納まりに無理がある場合や，使い勝手などへの影響が出てしまう場合などがあり，修正したくとも簡単には修正できなくなってしまうことがあるからです。

　ただ，納まりを一つ一つ検討した上でスケッチ図を作成していては，時間がいくらあっても足りません。特殊な納まりは別にして，それ以外の部分に関しては，「欠陥を生じがちな形」を避けた図面づくりを心がけることが重要です。また，デザインや使い勝手などから「欠陥を生じがちな形」になってしまうことがどうしても避けられない場合は，その対応策を考えておけばよいことです。

　スケッチの段階からこうした点を念頭においた図面づくりを心がければ，少なくとも大きな問題の発生は防ぐことができます。設計者の引く1本の線が，現場で働く人たちに与える影響の大きさを考えて，作図に取り組んでいただきたいと思います。

写真1-1は設備配管が土台を貫通（○印部分）している部分を撮影したものです。

設備配管が貫通しているのは大引きのように見えますが，右端にわずかに見えているのは基礎ですので，これが土台であることがわかると思います。

この建物は建売住宅ですが購入者が入居後に発見して筆者に相談を寄せてこられたものです。

このような仕事は，職人さんの意識が低いために生じていると考えられがちですが，それだけが原因とはいえないことをこの章で知って下さい。

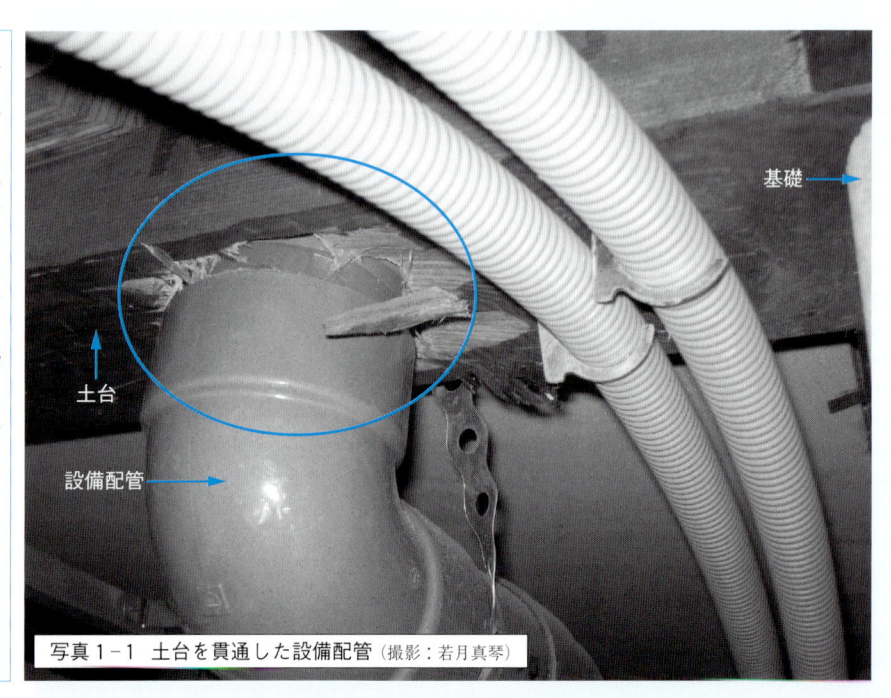

写真1-1 土台を貫通した設備配管（撮影：若月真琴）

2 パイプシャフトを設けているか

❶PSがない平面図は，「欠陥を生じがちな形」を持っている

　図1-1と図1-2は，いずれも実際に建築された建売住宅の平面図です。
　前者には○印部分にパイプシャフト（以下「PS」といいます）が設けられていますが，後者にはありません。これはささいな違いとしか見えないかも知れませんが，前者には生じない問題が後者には生じます。
　それは，設備配管が土台を欠損してしまうという問題です。
　つまり，図1-2は「PSがない」という「欠陥が生じがちな形」を持っている平面図ということになるわけですが，なぜPSがないと土台を欠損してしまうのでしょうか。

○印部分がPSです。

PS内には，2階に設けられたトイレや洗面のための排水管や給水管が納められます。

見落としてしまいそうなほど小さなものですが，その果たす役割は小さくありません。

1階平面図　　　　　　2階平面図

図1-1　PSが設けられている平面図

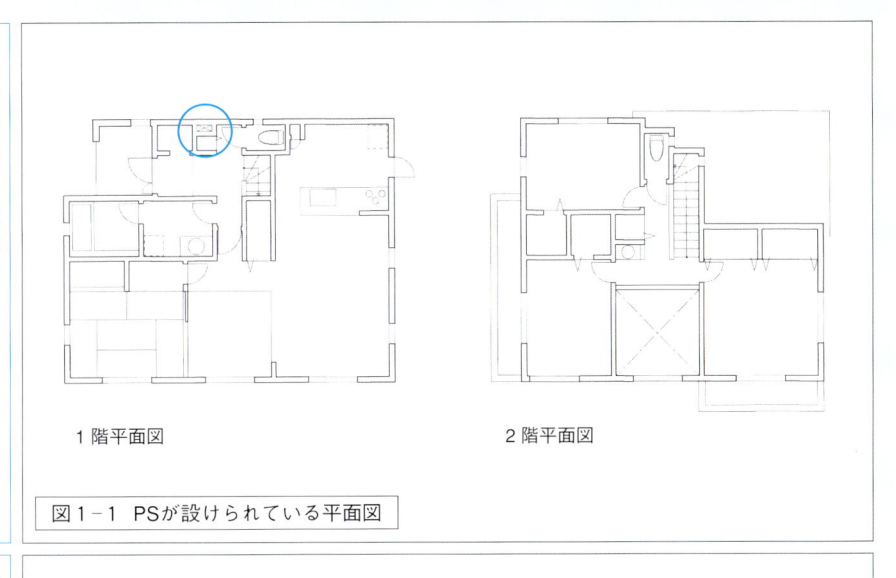

図1-2には，2階にトイレがありますが，1階にPSがありません。

PSがない場合の排水管の処置方法としては，以下の2つがあります。

①外部か内部のいずれかで排水管を露出させる。
②排水管を壁内に埋め込む。

①の方法を採用すれば，土台の欠損はありませんが，②の方法を採用した場合には，土台の欠損が生じます。

その理由は次ページ以降で説明します。

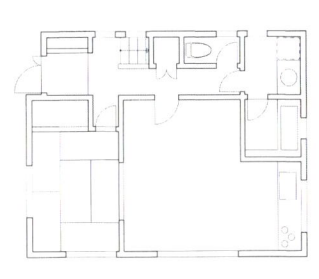

1階平面図　　　　　　2階平面図

図1-2　PSが設けられていない平面図

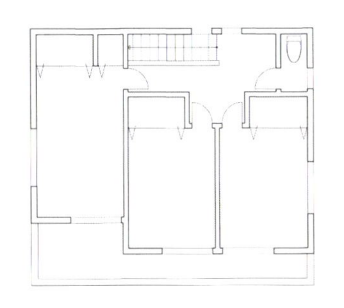

❷1階の床下の構造を知れば、PSを設けない場合は断面欠損が避けられないことがわかる

なぜ、PSがないと土台の欠損が避けられないのか、ということを理解していただくには、1階の床下の構造と設備配管の取り合いを把握してもらう必要があります。

取り合いの状況は工法によって異なりますので、ここでは、①根太を乗せ掛け（置き渡し）とした在来工法、②根太を大入れとした在来工法、③ツーバイフォー工法、の3つを説明します。

図1-3は、①の床組の一例です。ここに壁内を通した設備配管を設けると、図1-4に示したように、根太と土台によってできる隙間よりも、配管の寸法のほうが大きい場合には、土台を欠き込まないと配管を通せないことがわかると思います。

在来工法では、土台や大引きの上に45mm角の根太を置くことが最も一般的な形だといってよいようです。

この場合、床板と土台の隙間は、根太成の45mmということになり、排水管の直径はおおむね50mmから100mmですので、図1-4のように土台を欠かなければ納まらないことがわかると思います。

配管を曲げてつなぐためには、周囲にある程度の余裕が必要です。

図1-4の○印部分のように、きれいにくり抜けるわけではありません。次ページの写真1-2のように、必要以上に大きく欠き取られてしまうことがあります。

60mm前後の成の根太を使って50mmの排水管を通す場合でも、欠損を避けることができないケースもあることを知って下さい。

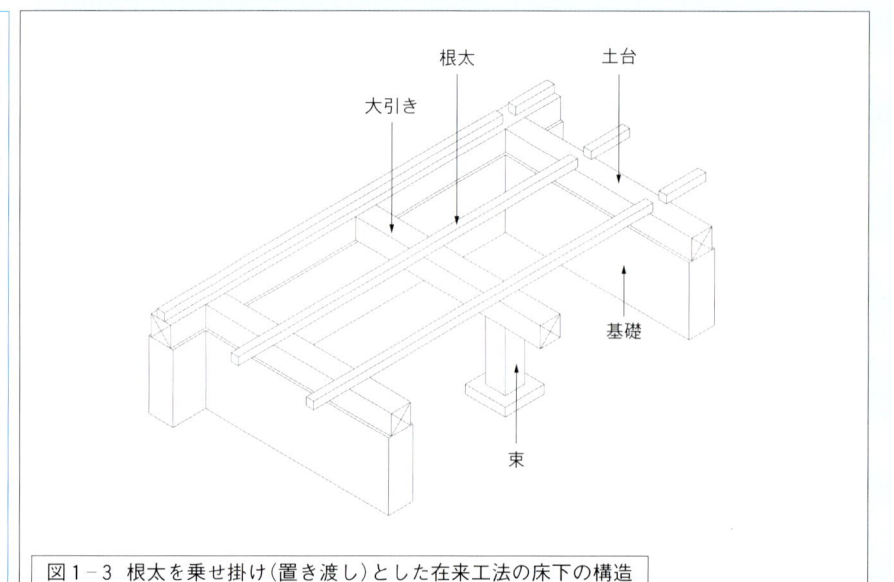

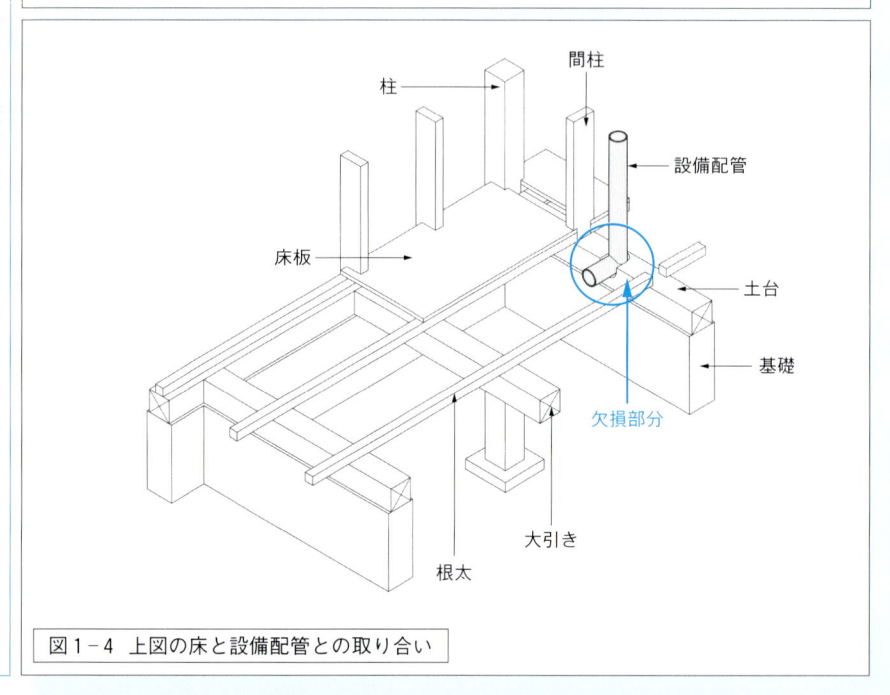

図1-3 根太を乗せ掛け（置き渡し）とした在来工法の床下の構造

図1-4 上図の床と設備配管との取り合い

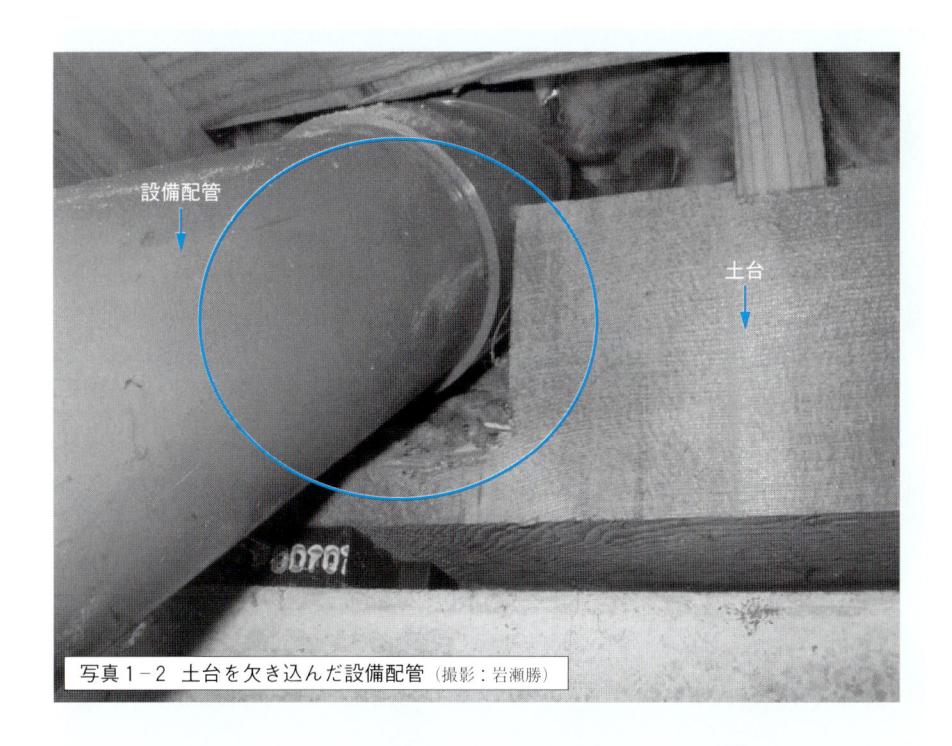

写真1-2 土台を欠き込んだ設備配管（撮影：岩瀬勝）

❸ 剛床仕様の場合は，土台の欠損がさらに大きくなる

　図1-5は，前ページ②の床組の一例です。①と異なり，土台と床板との間の隙間がまったくありませんので，大きく土台を欠損することになります。
　最近増えている剛床仕様の床がこれにあたりますので，こうした仕様を採用した場合には特に注意が必要です。

図1-5では，設備配管によって欠き込まれた土台は切断までには至っていないように描かれていますが，施工状況によっては2つに分断されてしまう場合もあり得ると考えて下さい。

なお，土台や大引きに根太成の半分程度を落とし込む「落し掛け」とする床組もあります。これは①と②の中間にあたりますが，やはり欠損を避けることはできません。

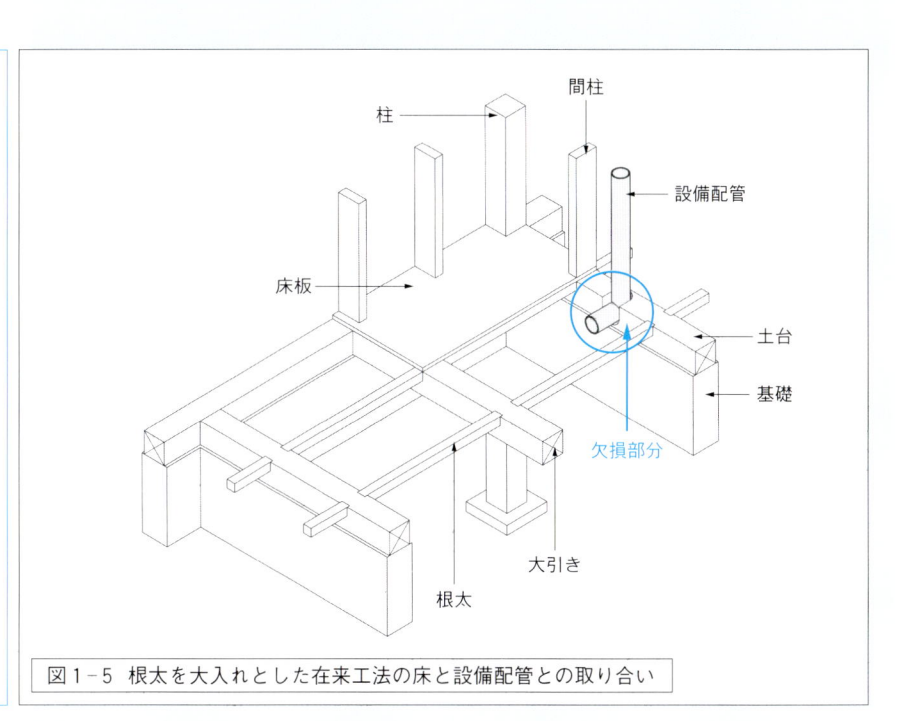

図1-5 根太を大入れとした在来工法の床と設備配管との取り合い

❹ツーバイフォー工法では，土台だけでなく枠材などの切断という問題も生じる

　図1-6に示したように，ツーバイフォー工法の場合は，土台だけでなく枠材やころび止めなども欠き込まれることになります。

　ツーバイフォーの公庫仕様書では，耐力壁の枠材への欠き込みは，図1-7のように処置をすることが規定されていますが，耐力壁でない枠材，ころび止め，土台などへの欠き込みに関する規定はありません。

　在来の公庫仕様書にも土台の欠き込みを禁止する規定がありませんが，在来であれツーバイフォーであれ，欠き込みにはマイナスはあってもプラスはありません。PSがない平面図は「欠陥を生じがちな形」をもつ平面図であると理解していただきたいと思います。

根太の方向が，図1-6とは90°違う床組の場合では，根太が欠損することになります。

ツーバイフォーの公庫仕様書では，根太の欠き込み制限が規定されていますが，土台の上に置かれた根太の欠き込みに関する規定はありません。

この問題に限らず，禁止の規定がなければ問題はないと考える方々もおられるようですが，こうした欠き込みは，耐震性能上はマイナスでしかありません。

法や仕様書の規定の有無ではなく，建築主の気持ちを考えて，設計にあたっていただきたいと思います。

図1-6　ツーバイフォー工法の床と設備配管との取り合い

ツーバイフォーの公庫仕様書の規定では，図1-7のように，枠材の半分を超える欠き込みを行った場合は帯金物などによる補強をすればよいことになっています。ところが，A部分の寸法の最小値は規定されていません。

極論すれば，枠材のほとんどを欠き取っても帯金物などで補強すればよいことになりますが，それは好ましい仕事とはいえません。

断面欠損はないほうが良いという前提に立って設計にあたっていただきたいと思います。

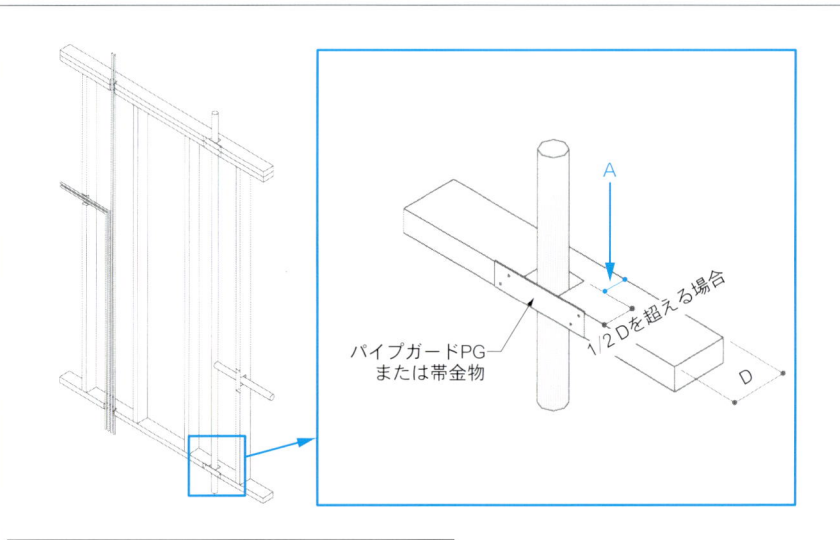

図1-7　耐力壁の下枠の欠き込み部分の処置[1]

❺PSは1階だけでなく2階にも必要

封水が切れることを防ぐために、排水管には通気管が必要です。また、通気管の端末に設ける通気口は、「あふれ線（図1-8参照）」より150 mm以上立ち上げる必要があります。

排水管や給水管の納まりだけを考えて、1階の平面図だけにPSを設ければよいと考えると、写真1-3の○印部分のように、梁を欠き込んでしまう場合があります。

1階はもちろん、**2階にもPSが必要**だと考えて下さい。

①部分で通気管が梁の上端を欠き込んでいます。

残念なことですが、自分の仕事を済ませることができればそれでよい、と考えている職人さんがいることも事実です。

ただ、写真1-3の仕事に関しては、設計者が通気管のルートをよく考えていなかったことがそもそもの原因であったと言わなくてはなりません。

この仕事では、②部分で火打ち梁が切断されています。このことも含めて考えると、この建物の設計者は躯体と設備の取り合いをほとんど考えていないと言わざるを得ません。

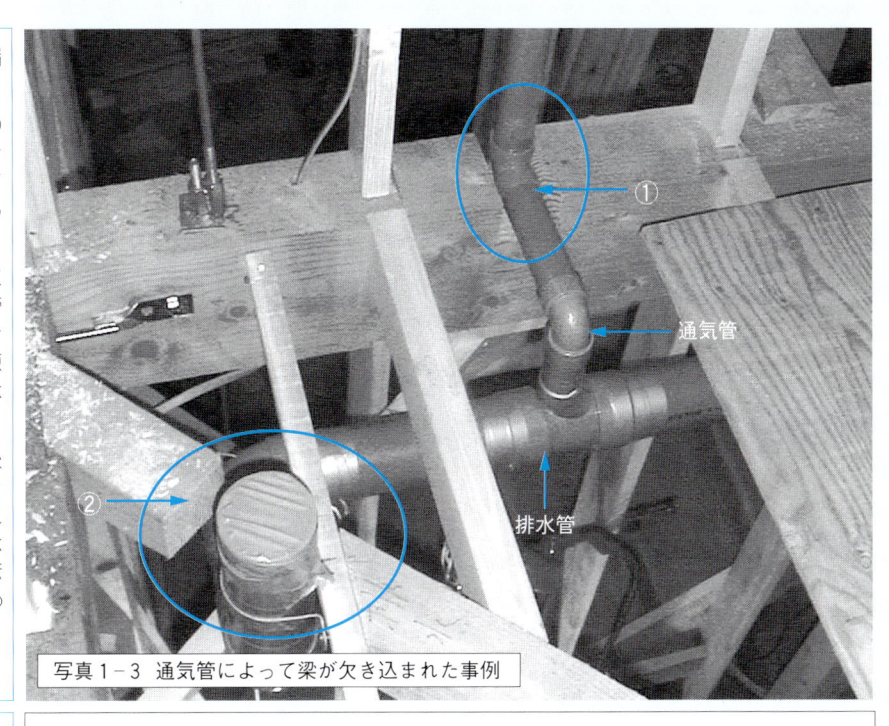

写真1-3 通気管によって梁が欠き込まれた事例

図1-8Aのように、ライニングの中に通気管を納めることで梁の欠き込みを防ぐことができます。

ただし、通気管が外壁を貫通する部分（①部分）には、断熱材（12ページの写真1-4参照）や防水紙との取り合いに十分な注意が必要です。

そうした取り合いを避ける方法として、図1-8Bのように、ドルゴ通気弁（12ページの写真1-5参照）を設ける方法があります。

個々の状況にふさわしい方法を採用していただきたいと思います。

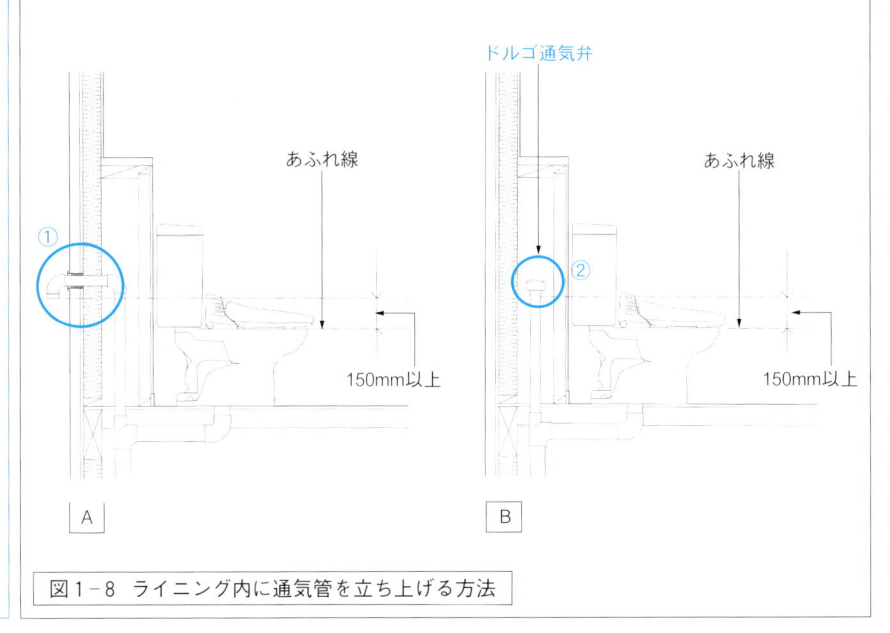

図1-8 ライニング内に通気管を立ち上げる方法

写真1-4では，通気管がトイレ内の外壁を貫通する部分で，グラスウールの内部がむき出し（○印部分）になっています。

トイレを暖房するケースはそれほど多くはないと思いますが，ダクトレスの第三種換気設備の排気口をトイレに設けている場合は，居室の暖められた空気が入ってくることになります。

この場合，冬期には，湿流が外部に向かって流れますので，このような仕事では壁内結露が生じる危険性があります。

こうした部分を繊維系の断熱材できちんと処置をすることは難しいと言えますので，この部分だけ石油系の断熱材を使うことも対策の一つです。

外気に開放できない位置に通気管がある場合には，ドルゴ通気弁を設けることも解決策の一つです。

ただし，点検口や通気口を設置することや，衛生器具のあふれ縁より150mm以上の位置に通気弁を設けるなどの注意事項を守る必要があります。

図面にこれらを明記しておかないと不適切な仕事を招きがちですので，注意が必要です。

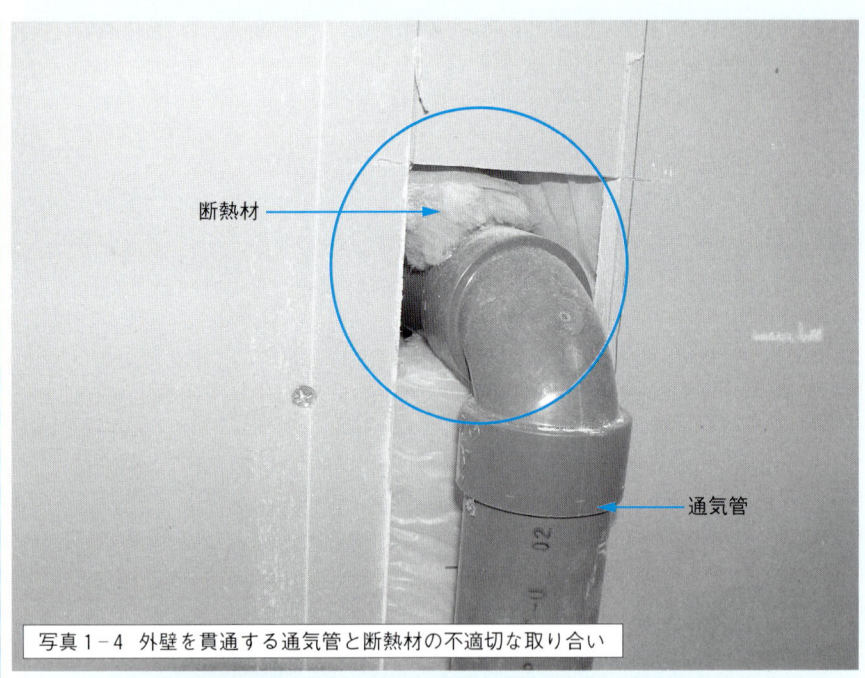

写真1-4 外壁を貫通する通気管と断熱材の不適切な取り合い

写真1-5 ドルゴ通気弁（○印部分）の設置例

❻ **電気配線用のPSを設けたほうがよいケースもある**

　電気配線は1本1本は細くとも、集中すると大きな断面欠損となることがあります。**写真1-6**はツーバイフォー工法、**写真1-7**は在来工法の仕事です。いずれも大きな断面欠損を生じており、期待する耐震性能を得られない可能性があります。

　一定の規模以上の建築物になると、電気配線のためのルート（以下「EPS」といいます）を設けますが、木造住宅でも配線が集中することがわかっている部分には、EPSを設けることの要否を検討していただきたいと思います。

写真1-6　電気配線による梁や枠材の貫通（ツーバイフォー工法）

写真1-7　電気配線による梁の貫通（在来工法）

❼ PSを設けない解決方法もある

　設備配管による土台や梁の欠損を避ける方法として，PSを設けない方法もあります。

　外壁の貫通部分回りの防水や断熱材との取り合いなどへの配慮が必要ですが，建物の外に設備配管を出してしまえば，土台や梁などとの取り合いの問題は生じません。隣地の建物と接近しているなど，美観上の問題がなく，建築主の同意も得られるのであれば，こうした解決策も選択肢の一つといえます。

> 通気管が不要な配管方法を提案している衛生機器メーカーもあり，そうしたシステムを採用することも，通気管のためのPSを不要とする一つの方法です。
>
> また，前述したように，ドルゴ通気弁を設ける方法（図1-8B，写真1-5）もあります。
>
> 個々の状況にふさわしい方法を採用していただきたいと思います。
>
> 通気管を設ける場合は，あふれ線より150mm以上の高さに通気口を設ける必要があります。
>
> 黙っていても多くの職人さんは，写真1-8のように通気口の位置を高くしてくれますが，なかには写真1-9のような仕事も散見されます。
>
> 誤った仕事をさせないために，通気口の高さを図面に明記していただきたいと思います。

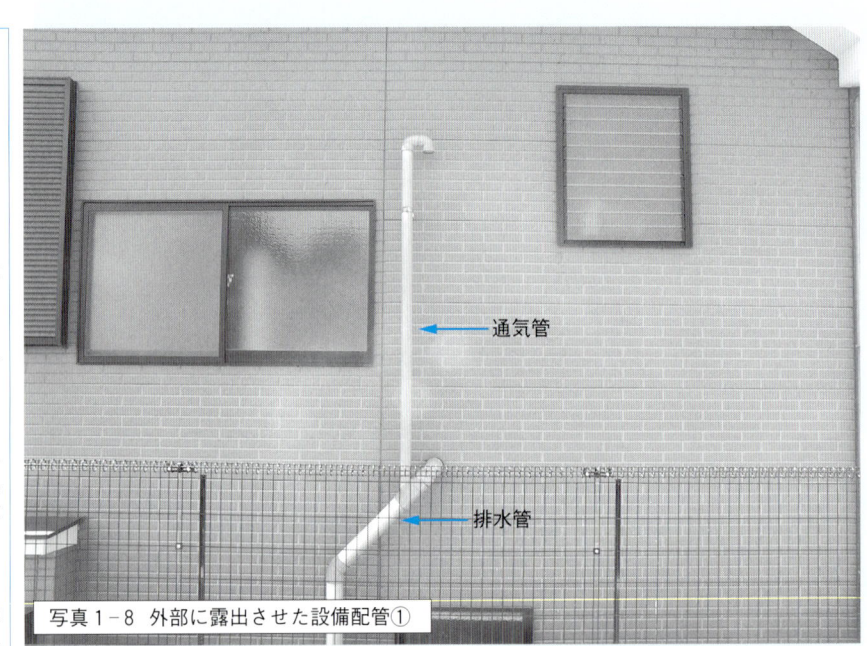

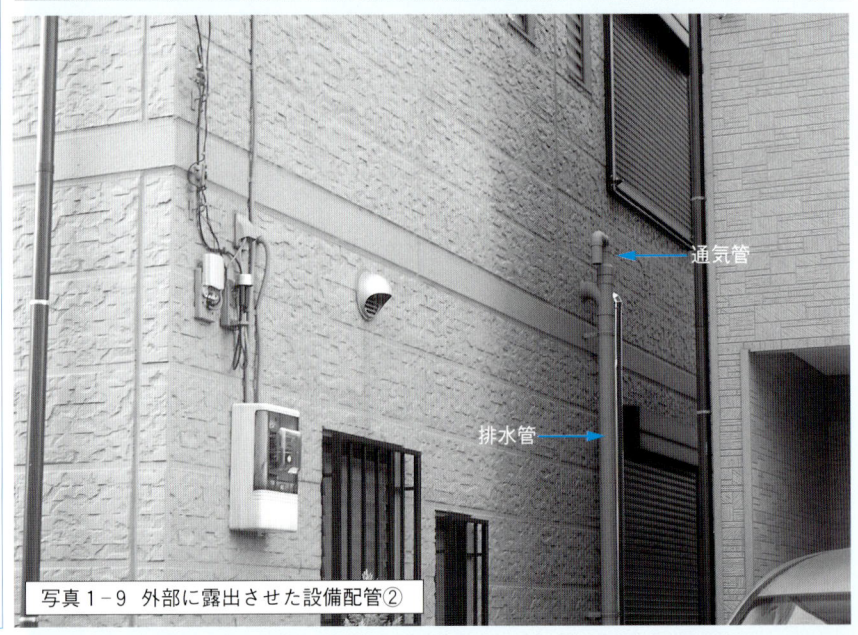

写真1-8　外部に露出させた設備配管①

写真1-9　外部に露出させた設備配管②

❽ 欠陥工事が生じない設計図面を描く

　土台を断面欠損しても問題はまったくないと考えている職人さんは、おそらくいないはずです。設計図面通りに仕事をすると断面欠損が避けられない場合、これで大丈夫だろうかと不安を感じながら仕事をしている職人さんが大半ではないでしょうか。

　図面に疑問を感じても、職人さんには勝手に設計を変更する権限は与えられていません。問題点を施工管理者に伝えて、さらに施工管理者に設計者と相談してもらわなければなりませんし、設計者もその変更のために使い勝手上の制約が出る場合は、建築主に了解をとらなければなりません。

　与えられた仕事が完了しなければ収入にならない職人さんは、結論が出るまで待たなければいけないことを考えると、設計図面通りに仕事をしてしまおう、という考えに走ってしまうのかも知れません。

　これは職人さんを叱れば済む問題ではありません。

　設計者が、設計図面通りの仕事をすることを職人さんに求めるのであれば、設計者自身がその責任の大きさをよく理解して、問題の生じない設計図を描く努力をしていただきたいと思います。

　わずかなスペースではあっても、PSを設けると収納部分が減る場合もあると思いますし、予定していた家具が置けなくなるなどの問題が生じることもあると思います。PSの必要性を理解してくれない建築主もいると思います。ただ、そうしたときこそ、PSを設けなかった場合の弊害を説明し、PSがない建物には問題が生じていることを理解してもらえるよう、専門家としての責任を果たすべきときです。

床下通気孔を設けている場合は、PS内の配管が1階の床を貫通する部分（◯印部分）をふさいでおかないと、この部分から冬期に冷気が上昇してくることになります。

写真1-10はそうした仕事の一例です。せっかく設けたPSが問題を引き起こすことのないように、納まりを図面に明記しておくことも必要です。

写真1-10 PS内の配管回りをふさいでいない仕事

3 屋根の形状は適切か

❶外観だけに目を向けて複雑な屋根をつくることは，漏水の可能性を増やすことになる

　図1-9と図1-10は，同一形状の平面に異なる形の屋根を載せたものです。図1-9の①～③部分には，防水紙や板金の納まりに配慮が必要ですが，図1-10には特別難しい納まりは発生しません。

　屋根の形状は，外観や工事費に大きな影響を与えますので，納まりだけで屋根の形を決定するわけにはいきません。ただ，言い方を換えれば，外観を優先させて屋根の形を決定すると漏水の危険性を増加させてしまう場合がある，ということもいえます。

　後者と比較すれば，前者は欠陥を生じがちな「形」といえることを念頭において，漏水の可能性が少なく外観や工事費にも納得してもらえる設計を，建築主に提示していただきたいと思います。

シンプルな平面と屋根形状を採用すれば，防水紙や板金に難しい納まりが生じることはありません。

しかしながら，建設地は整形な敷地ばかりではありません。変形な敷地では，凹凸のあるプランとしなければならない場合もあり得ます。また，建築主から入り組んだ屋根形状を要求される場合もあります。

複雑な平面形状となった場合，平面に合わせて入り組んだ屋根を架けることも可能ですが，図1-10のように凹凸のある平面形状であっても，シンプルな屋根を架けることができます。

施工上の理由だけで屋根形状を決めることは好ましくありませんが，外観だけで決めることも同じように好ましくありません。

施工，外観，費用などを総合的に検討した上で屋根形状を決定していただきたいと思います。

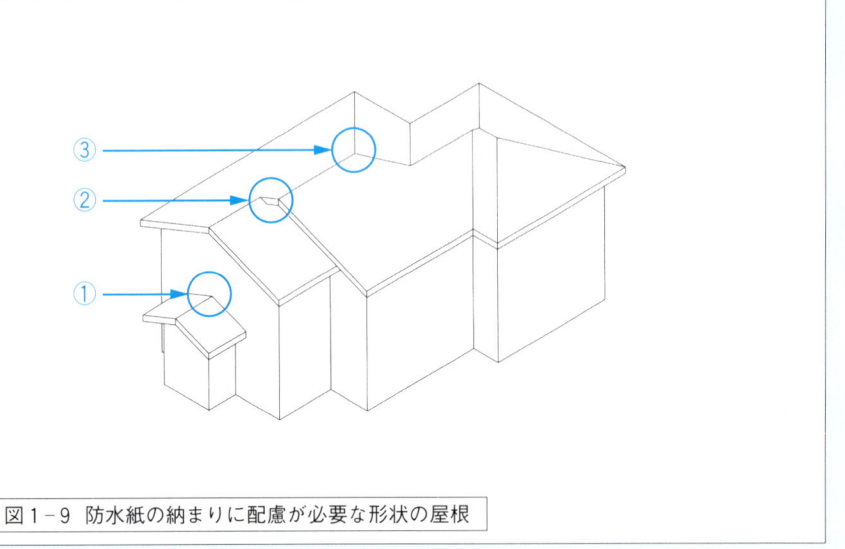

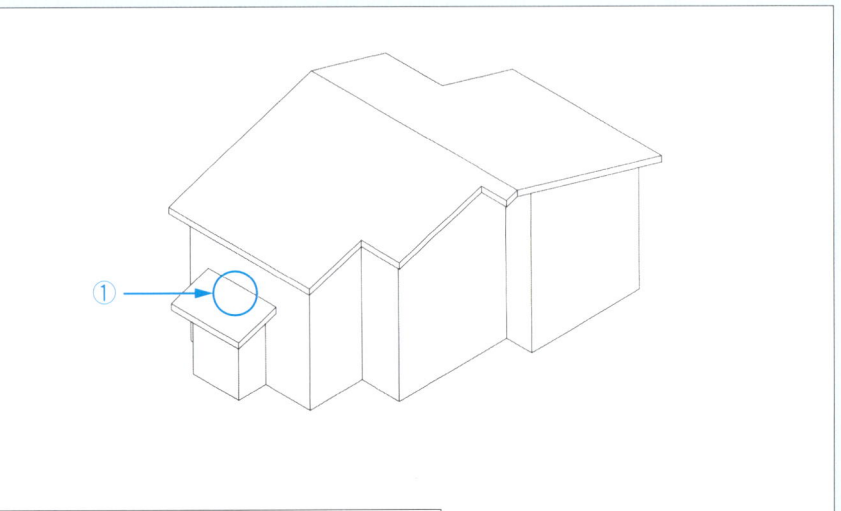

図1-9　防水紙の納まりに配慮が必要な形状の屋根

図1-10　防水紙の納まりが容易な形状の屋根

❷防水紙には伸縮性がないので，切断しないと張り込めない形状がある

　木造住宅の屋根に一般的に使用されている防水紙は，ロール状の荷姿をしたアスファルトルーフィングですが，この材料には伸縮性がありません。切断しなければ張り込むことができない図1-9の①や③のような部分では，下の写真のような状態になってしまうことが避けられません。

　こうした部分には，**写真1-13**のように，伸縮性のある防水テープで処置をすれば雨水の浸入を防ぐことができます。ところが，**写真1-14**のように防水紙を切断したまま仕事を続行してしまう職人さんも少なくありません。こうした仕事をさせないようにしなければなりませんが，それにはまず設計者が防水紙の特性や現場の実情を知るところから始める必要があります。

写真1-11の仕事は，図1-9の①の部分にあたります。

棟部分に張られた防水紙を外壁に沿って立ち上げるとこの写真の仕事のように，防水紙が破断してしまうこと（○印部分）が避けられません。

公庫仕様書はこうした点に触れていませんので（23ページ，図1-13の○印①部分参照），そのためにこの問題への認識が低くなっているとしたら残念なことです。

この部分を図1-10の①の屋根形状にすれば，こうした問題は生じません。外観も重要ですが，施工性にも配慮して屋根形状を決定していただきたいと思います。

写真1-12の仕事は，図1-9の③の部分にあたります。

→部分で防水紙を切り込んで，それを重ねて張り込んでいます。

ロール状の防水紙を使う以上は，重ね部分（23ページ，図1-13の○印②部分参照）が生じます。

ただ，この写真の仕事では水上の重ねしろが公庫仕様書の規定（200mm以上）以下になってしまうという問題があります。

破線で示した部分に伸縮性のある防水テープを張ることや，防水紙の裏側に粘着層のある製品を使うなどの対策があります。個々の状況に合わせて，適切な解決策を採用して下さい。

写真1-11　下屋の棟部分で防水紙が破断している事例

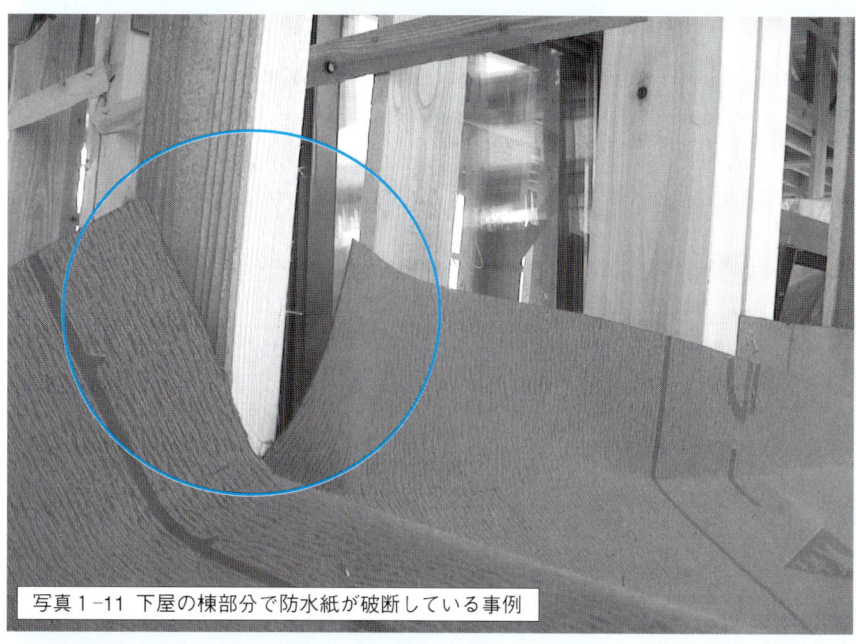

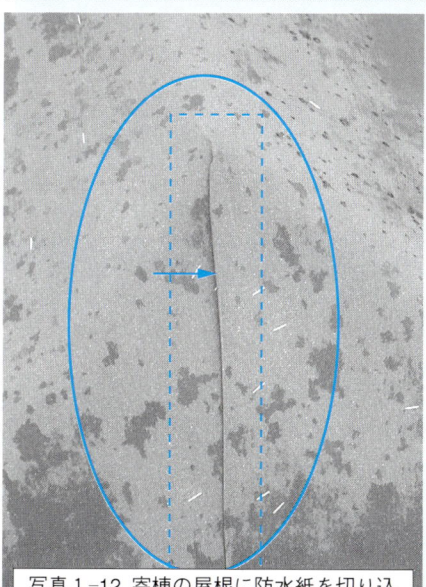

写真1-12　寄棟の屋根に防水紙を切り込んで施工した事例

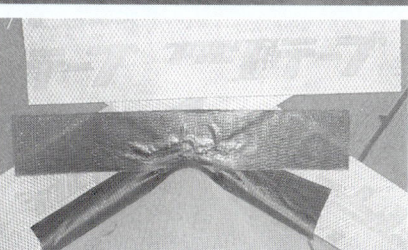

写真1-13　伸縮性のある防水テープで破断部分の処置をした事例

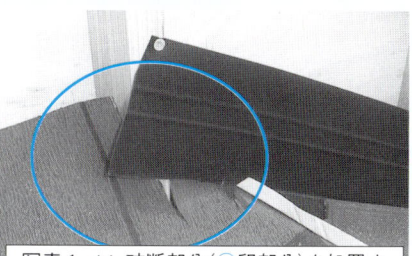

写真1-14　破断部分（○印部分）を処置することなく仕事を続行している事例

❸ 天端シーリングをしなければならない板金の納まりは避ける

　住宅工事の板金には完全な防水性能を期待することはできない，と考えておいたほうが間違いがありません。板金にはシーリング部分も含めて一次シールとしての役割をもたせ，ここを通過した雨水は二次シールとしての防水紙で止める，という考え方をしていただければと思います。

　これは屋根葺き材に関しても同様であり，屋根葺き材だけで完全に雨水の浸入を止めることができるとは考えないほうが間違いがありません。本書で防水紙の破断部分を防水テープで処置することを求めているのはこのためです。

　現実の仕事では，板金に隙間があいたままでは印象が悪いこともあって，取り合い部分には**写真1-15**のようにシーリングが施されます。このこと自体は悪いことではありませんが，この写真のように天端にシーリングが打たれる形は，シーリングの劣化が漏水に直結しますので好ましくありません。横方向からのシーリングが望ましいといえますが，それはシーリングが劣化しても水返し部分である程度は雨水の浸入を防ぐことが可能だからです。

　図1-11のような形とすることも一つの方法ですが，図1-9のような屋根を避けて，図1-10のような切妻屋根を架けることも一つの方法です。

　防水性能だけで屋根形状を決定するわけにはいきませんが，問題の少ない屋根を設計することが，クレームの少ない仕事につながると考えて設計にあたっていただきたいと思います。

寄棟の板金は，写真1-15のような形状に施工されることが多く，シーリングの面が上を向いていることから，こうした部分は天端シーリング（→部分）と呼ばれています。

天端シーリングの劣化は，その形状からいって，横方向からのシーリング（19ページ，図1-11の→部分）が劣化した場合に比べて大量の漏水につながるおそれがあることがわかると思います。

シーリングの寿命は，素材や環境によって異なりますが，10年前後が目安といわれています。

住宅の場合は，漏水が発生しないと手直しがされない場合がほとんどといってよいように思います。

これらの点にも配慮して，漏水のしにくい納まりを採用していただきたいと思います。

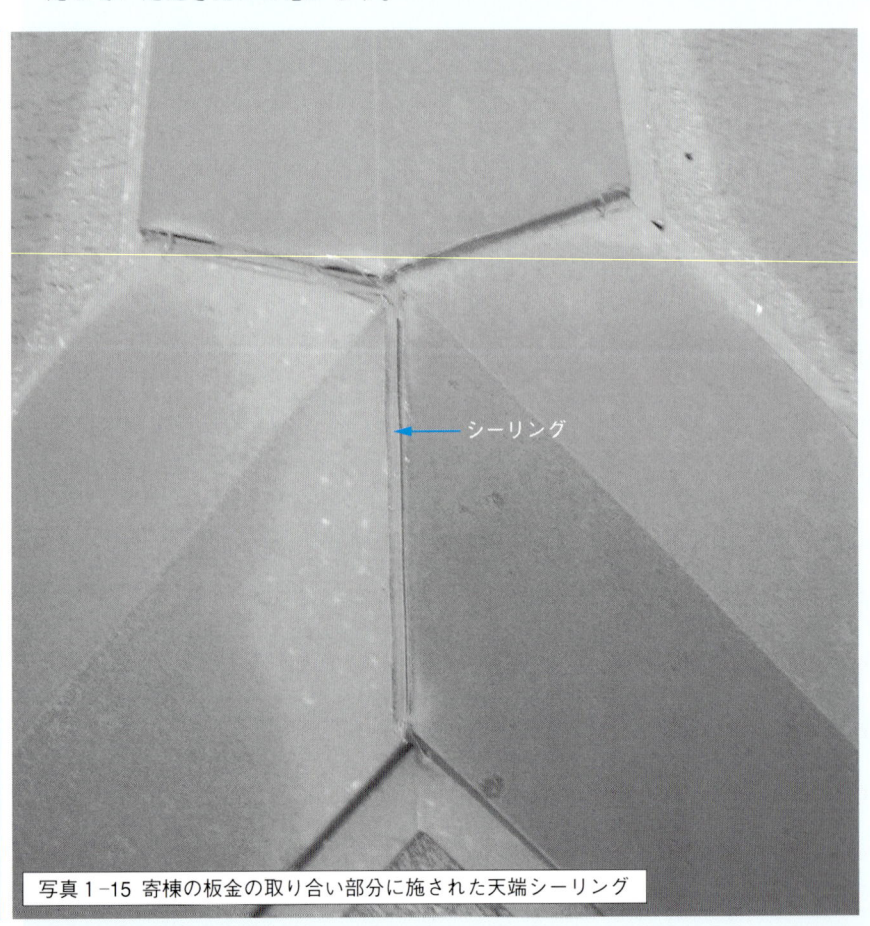

← シーリング

写真1-15　寄棟の板金の取り合い部分に施された天端シーリング

図1-11は、天端シーリングをなくした納まり図の一例です。あるハウジングメーカーの実験施設では、この図とほぼ同様の納まりの板金を使って風雨実験を行っておりましたので、このような形の板金加工が不可能というわけではありません。

ただ、簡単ではないことも事実であり、板金加工は職人さんによってばらつきが大きい仕事の一つといえますので、難しい加工を要求する場合には、職人さんがそれに応えてくれる人かどうかを慎重に見極める必要があります。

しかし、加工が難しいからといって、写真1-16の○印部分のような仕事を許したのでは、シーリングの性能を引き出すことができません。

このような部分のシーリングは2面接着が原則でありこれを守らないと劣化の進行以前に、防水性能に期待できなくなるからです。

加工が可能で天端シーリングを生じない形を頭の中で考えることも重要ですが、施工管理者や板金屋さんと膝を交えて話し合うなかで解決策を見つけることも一つの方法だと思います。それは手間のかかることかも知れませんが、設計者として良い経験になるはずです。

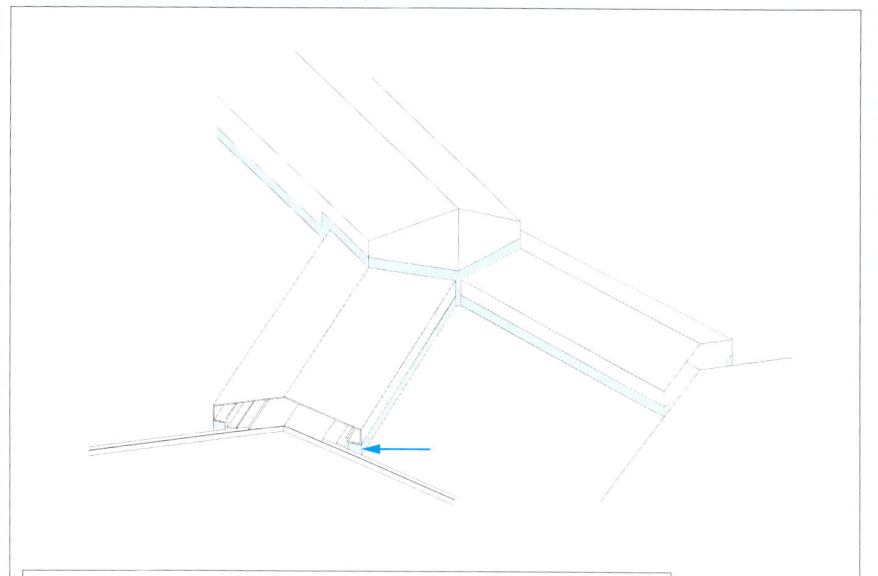

図1-11 天端シーリングを避けるように工夫した寄棟の板金の一例

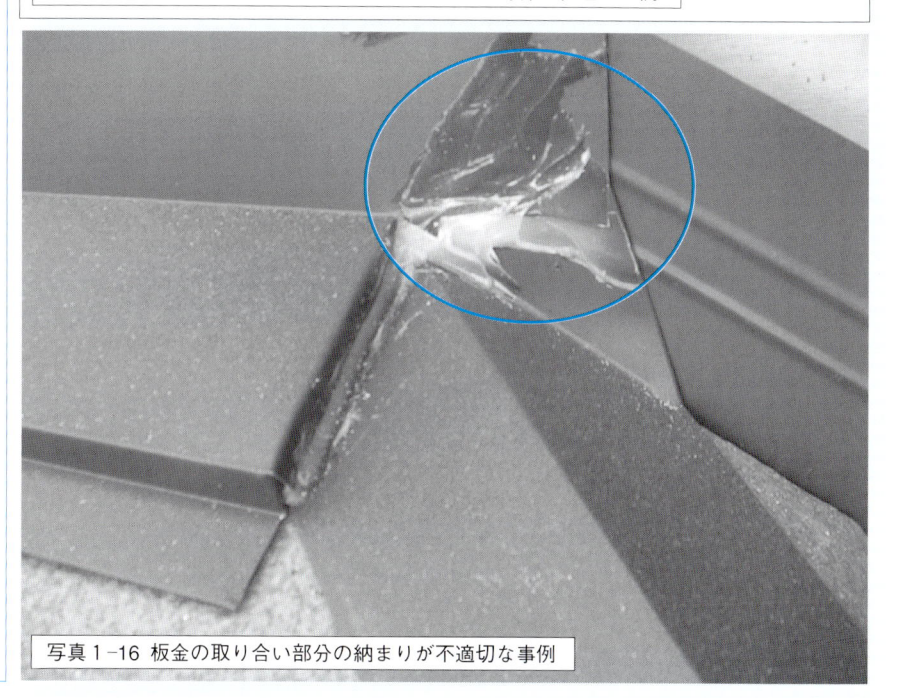

写真1-16 板金の取り合い部分の納まりが不適切な事例

❹難しい納まりを避けることが欠陥工事の発生を減少させる

　図1-9の②のような，いわゆる棟違い屋根は，下の写真のように防水紙が納まらないままに仕事が進められていることが少なくありません。次ページの図1-12は棟違い屋根の納まりを示した施工マニュアルの一例ですが，防水性能を担保するためには複雑な仕事が必要なことがわかると思います。

　かつては難しい仕事に喜んで挑戦してくれた職人さんがたくさんいましたが，残念ながら今はそうした時代ではなくなりました。難しい部分が多ければ多いほど漏水の危険性が増すと考えておかなくてはなりません。信頼のおける職人さんが仕事をしてくれることがわかっている場合を除いて，できれば棟違い屋根は設計しないことをお勧めします。

○印部分で防水紙が切断されていますので，「けらば」の板金を通過した雨水は→部分から内部に浸入してしまいます。

次ページの図1-12のマニュアルでは，主屋根と子屋根の間隔が狭い場合は施工が困難となるので，棟間隔を910mm以上確保するよう注意していますが，910mm以上ある場合でも納まりの難しさには変わりありません。

外観上どうしても棟違いでなければならないのかどうか，よく考えた上で屋根形状を決定していただきたいと思います。

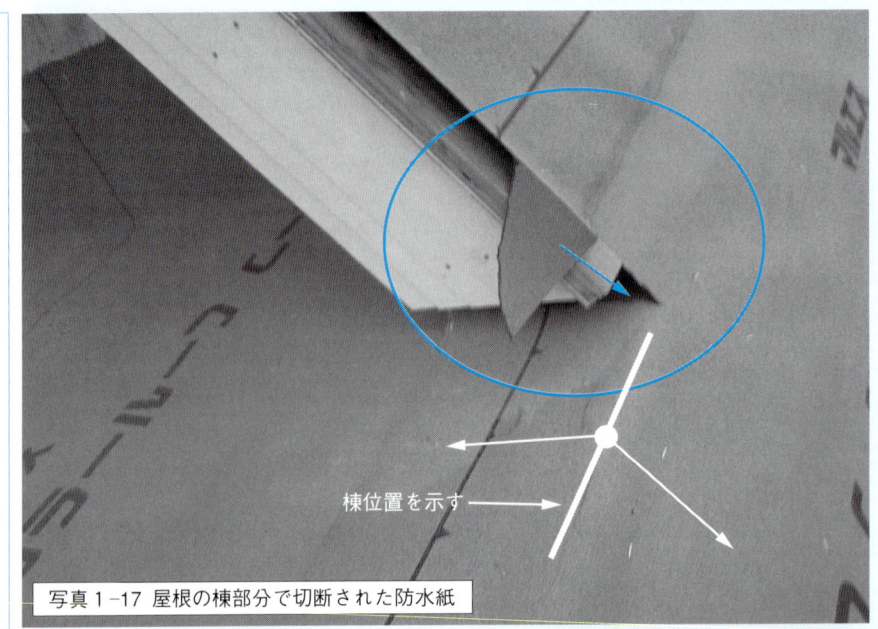

写真1-17 屋根の棟部分で切断された防水紙

写真1-18は，写真1-17を逆方向から撮影したものです。○印部分の防水紙の立上りが不足していることがわかると思います。

この部分は，次ページの「図1-12B」のように納めることが望ましいといえますが，手間がかかる仕事であることがわかると思います。

こうした仕事への施工者の理解が得られない場合は，棟違い屋根の採用は控えることをお勧めします。

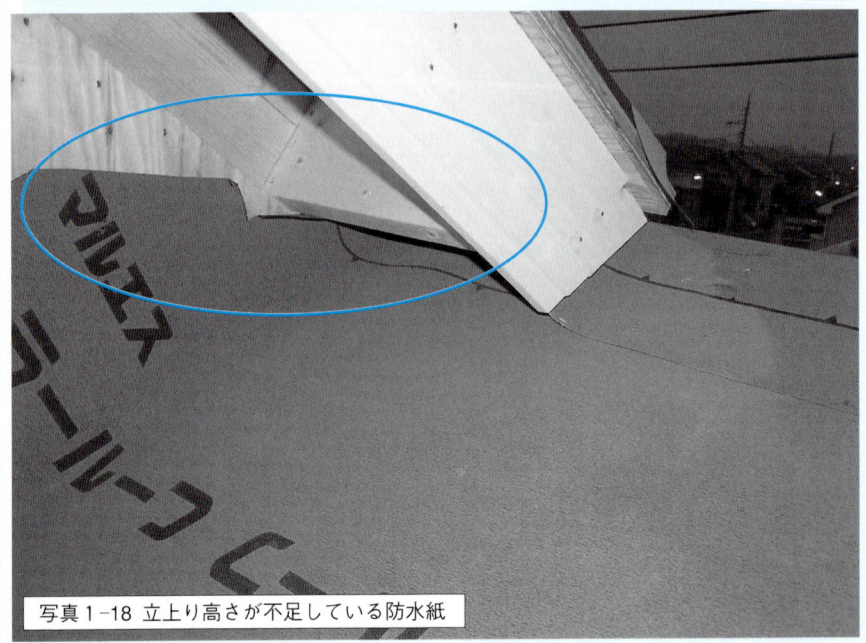

写真1-18 立上り高さが不足している防水紙

1．子屋根の棟と主屋根面の交点の野地板に欠き込みを設ける。

30mm程度
100mm程度
野地板に欠き込みを設ける

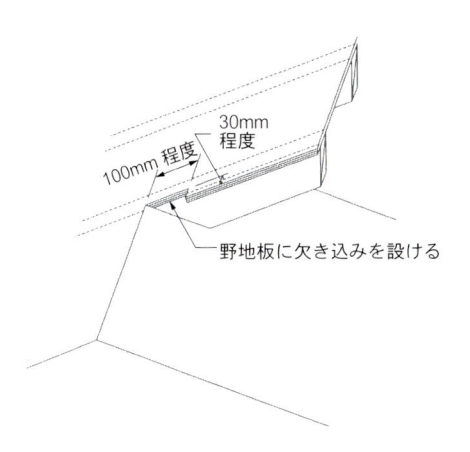

2．屋根面にルーフィングを下葺きし，野地板・ルーフィングの上から破風板の付く裏側に片面接着シートを施工する。

片面接着シート
ルーフィング

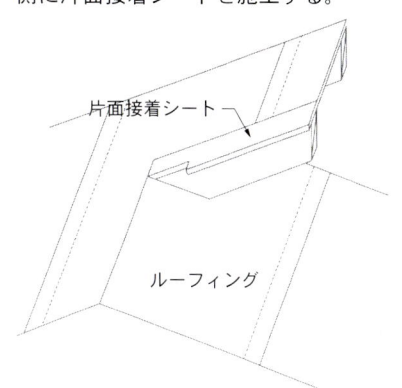

3．主屋根の破風板は，子屋根の仕上材から30mm程度の隙間ができるようにカットする。

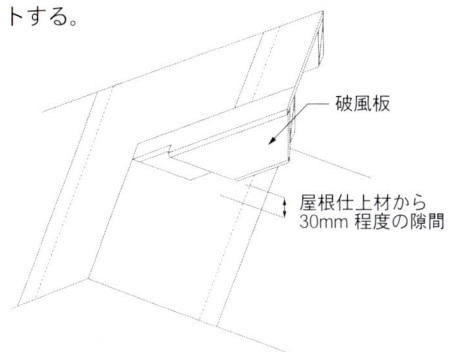

破風板
屋根仕上材から30mm程度の隙間

4．屋根面にルーフィングを下葺きし，野地板・ルーフィングの上から破風板の付く裏側に片面接着シートを施工する。

けらば水切り
棟包み板金
破風
板金下地

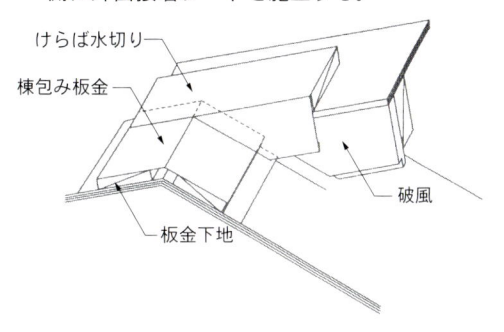

A 子屋根の棟と主屋根の交点部

1．ルーフィングを施工する。

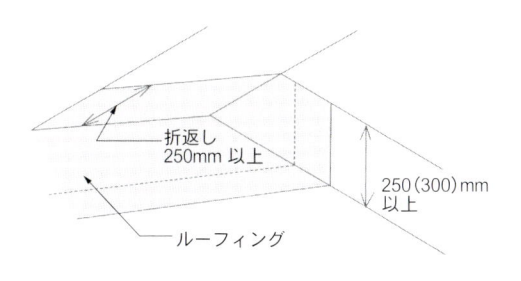

折返し250mm以上
250(300)mm以上
ルーフィング

2．雨押えを施工する。

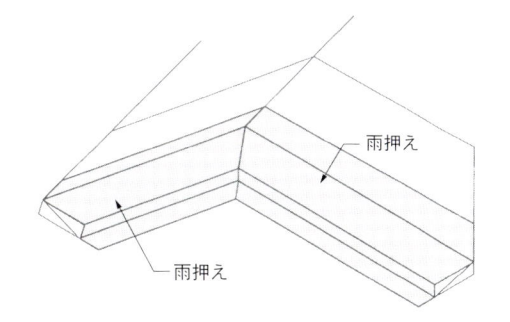

雨押え
雨押え

B 子屋根と主屋根の下の妻壁の接合部

図1-12 棟違い屋根の防水紙の納まりの一例[2]

❺防水紙を切断しないと納まらない形もある

　写真1-19，同20，同21は，いずれも1階の屋根に2階の外壁の出隅が取り合っていますが，これも防水上の「欠陥を生じがちな形」の一つです。前述した①や②は，屋根の形状を変えることが一つの解決策になりますが，この場合はそれは解決策にはなりません。平面計画を変えないとこうした形はなくなりませんが，そのために使い勝手や外観などが悪くなってしまっては本末転倒です。こうした部分は17ページの写真1-13のように，伸縮性のある防水テープで処置をすることが現実的ですが，職人さんや施工管理者のこうした点への気配りが感じられない仕事が少なくありません。

　納まり図や特記仕様書などに処置方法を明記しておくことも一つの方法ですが，筆者の経験では，職人さんや施工管理者に直接接触して彼らの注意を喚起することが最も効果があります。

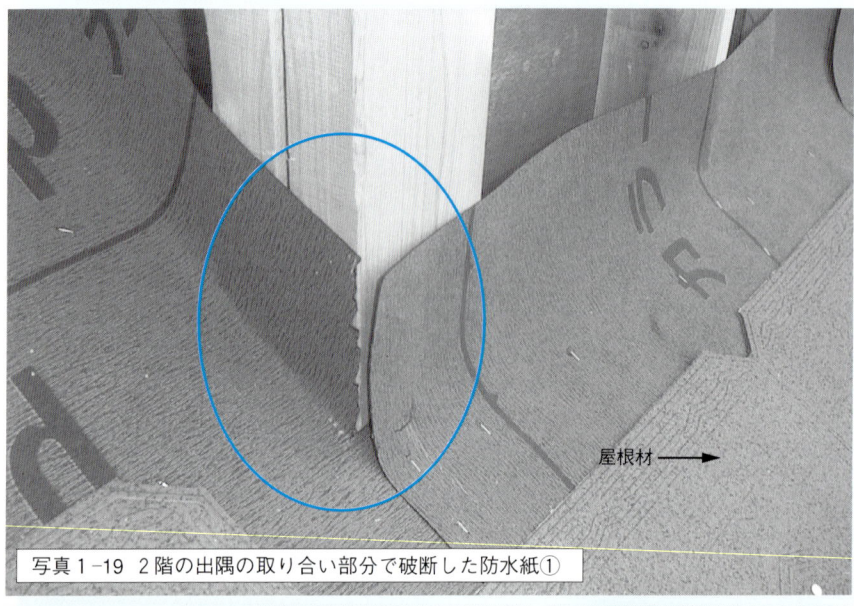

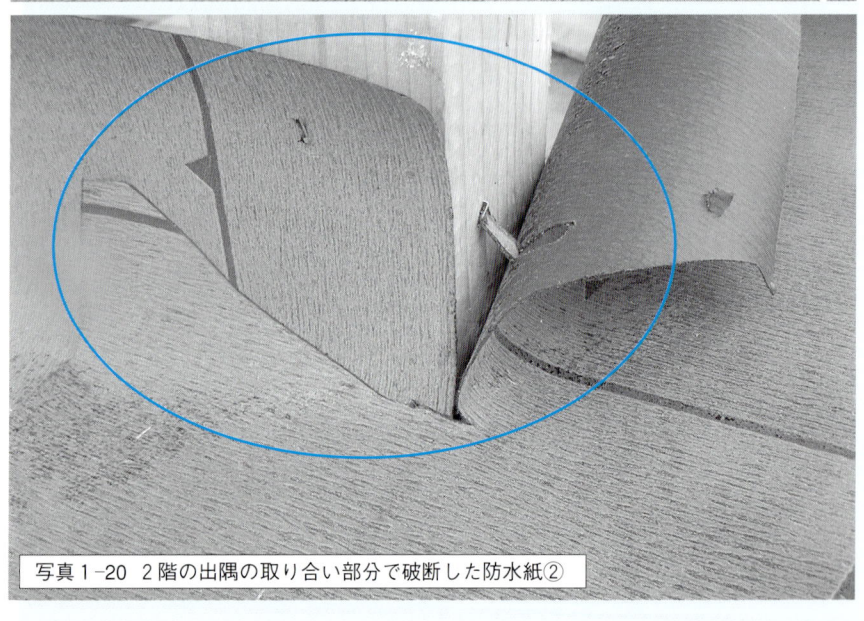

屋根材 ——▶

写真1-19　2階の出隅の取り合い部分で破断した防水紙①

写真1-20　2階の出隅の取り合い部分で破断した防水紙②

写真1-21では、板金が取り付けられており、前ページの写真1-19では屋根材が葺かれています。破断部分を手直しすることなく仕事を進めていることがわかると思いますが、ちなみに前者は地元の中小の施工会社、後者は大手の仕事でした。

この問題に限らず、欠陥工事は施工会社の規模の大小にかかわらず生じているという傾向があります。

伸縮性のない防水材料を使う場合は、破断部分が生じることが避けられないことを設計者自身がよく認識し職人さんや施工管理者に注意を喚起していただきたいと思います。

写真1-21 2階の出隅の取り合い部分で破断した防水紙③

図1-13は公庫仕様書の抜粋ですが、○印の③部分がここで説明している部分にあたります。また、①部分は写真1-11、同13で説明した部分にあたります。いずれも防水紙の破断に注意を促す記載がありません。

公庫仕様書に書かれている内容については、守ろうとする施工者が多数派ですが、その一方で書かれていないことは、それが必要なことであっても取り組まない施工者が少なくありません。

その結果が写真1-19〜21に現れているとすれば残念としかいいようがありません。

設計者としてまず実態を知ることから始めていただきたいと思います。

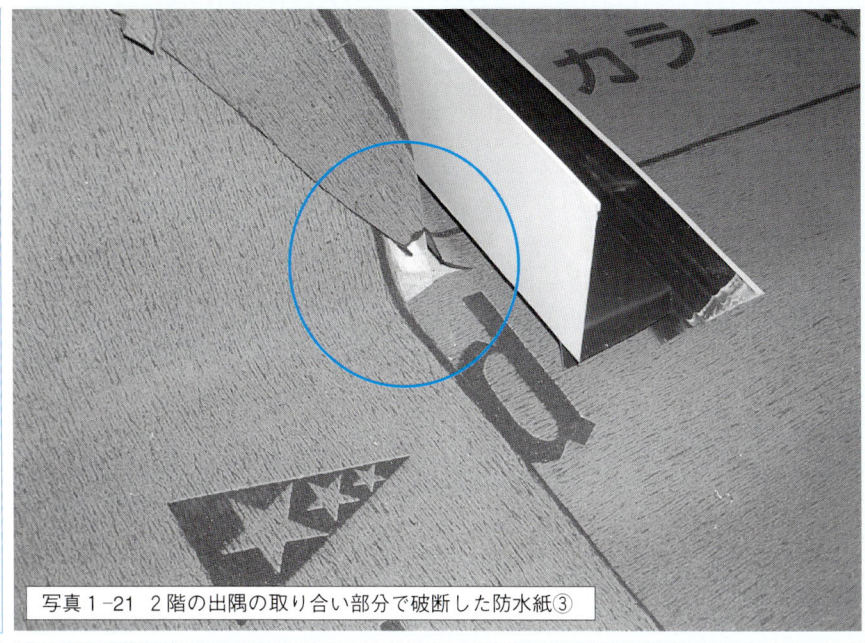

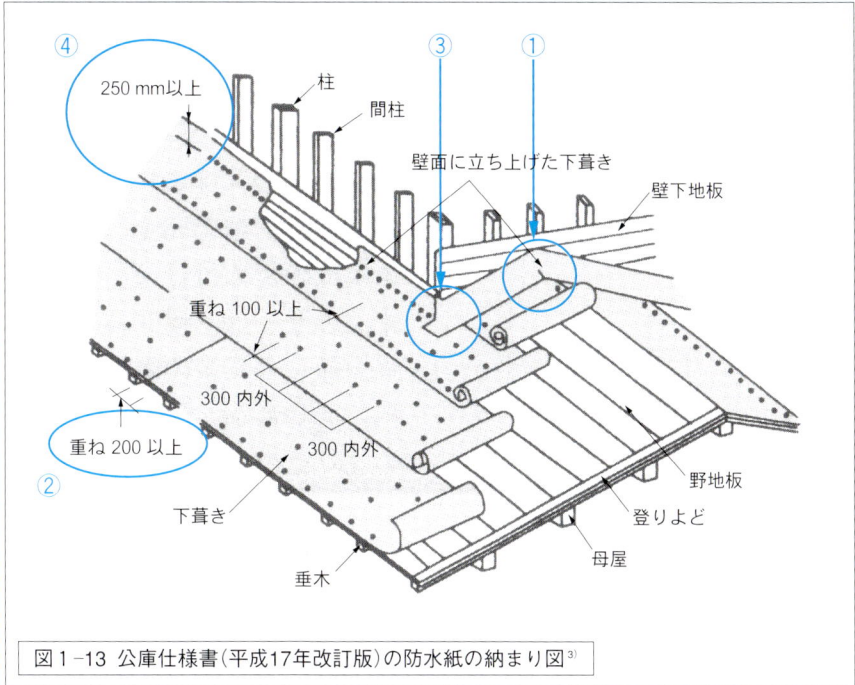

図1-13 公庫仕様書(平成17年改訂版)の防水紙の納まり図[3]

❻使い勝手だけでなく，防水紙の立上り高さにも注意して窓の取付け位置を決める

　公庫仕様書では，防水紙の立上り高さを250mm以上と規定（23ページの図1-13の○印の④）しています。ところが，写真1-22のように規定以下の高さになっている仕事が散見されます。

　これは，次ページの図1-15の①部分の仕事ですが，職人さんは図面通りに仕事をしていることがわかると思います。つまり，この欠陥工事の原因は設計図にあると言わなくてはなりません。

　さらに言えば，同図の②部分も規定以下になっている可能性があることもわかると思います。この設計者は立上り高さに無頓着なまま窓の位置を決めているといわざるを得ません。

　こうした図面を描かないよう注意していただきたいと思います。

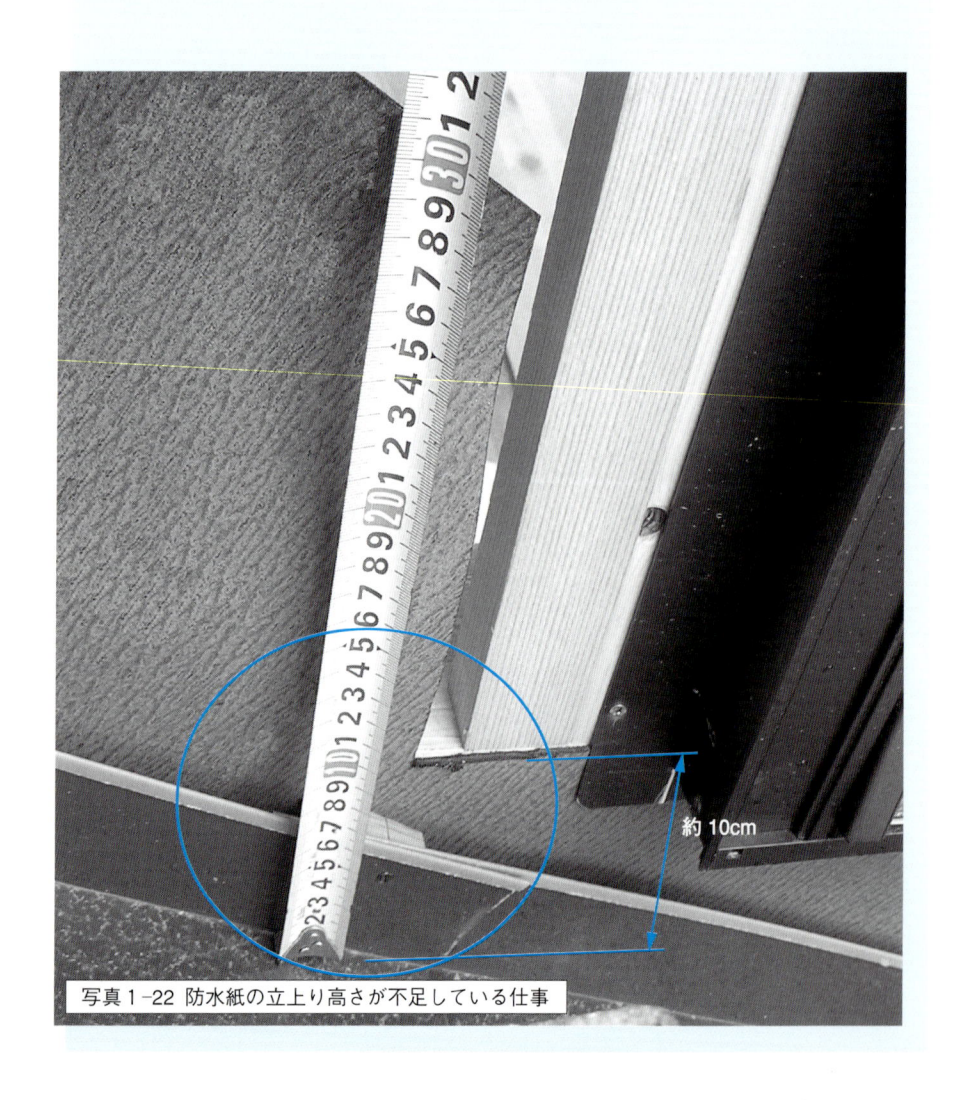

約10cm

写真1-22 防水紙の立上り高さが不足している仕事

図1-14は平成14年版の公庫仕様書です。この版では、瓦屋根とその他の屋根で防水紙の立上り高さの基準が異なっていました（右図○印部分）。

このため、瓦葺きでなければ120mm以上あればよいと未だに考えている職人さんもいるようです。

こうした思い込みが立上り高さの不足につながっている場合もあり、図面に明記するだけでなく、職人さんや施工管理者に直接伝えることも施工品質の確保に効果的です。

図1-14 屋根葺き材によって防水紙の立上り高さを変えていた平成14年版の公庫仕様書[4]

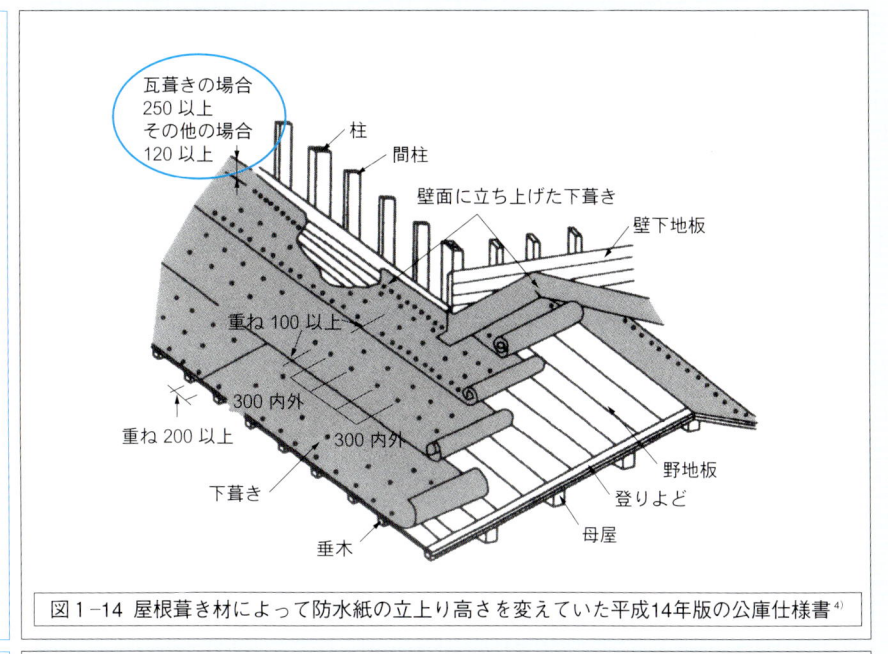

図1-15のような図面を描かないでいただきたいと思います。防水紙の立上り高さが不十分だからといって単純に窓の取付け位置を持ち上げてはいけません。

建築主の身長によっては、クレセントに手が届かなくなってしまう場合があるからです。特に、年配の女性には背の低い方がおられます。

窓の高さの決定には、防水と使い勝手の両面から十分な注意を払うことが必要です。

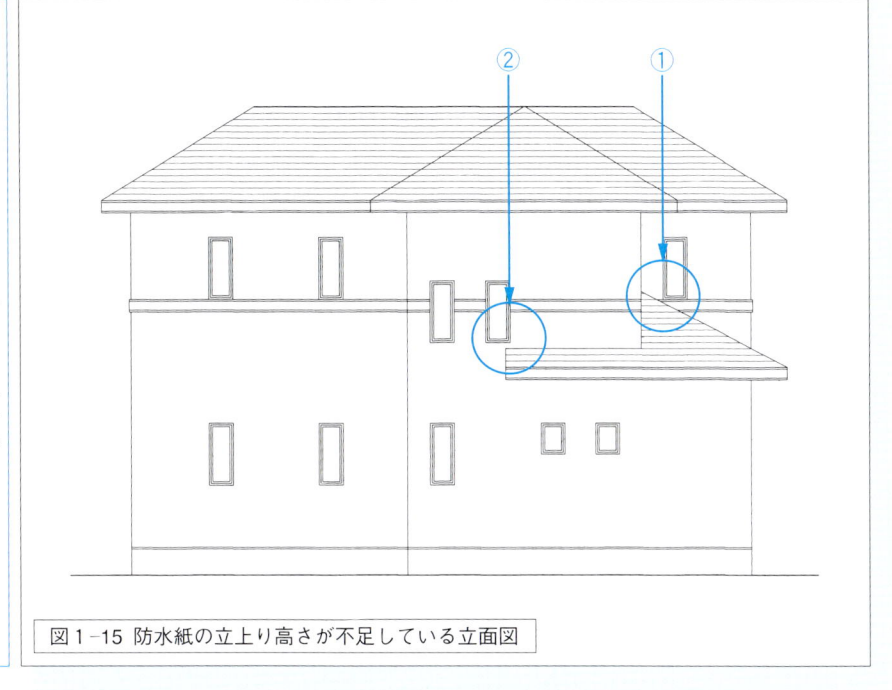

図1-15 防水紙の立上り高さが不足している立面図

❼屋根を接近させて重ねることで，狭い部分が生じてしまうような設計図は描かない

　屋根と庇との間隔が狭い仕事（写真1-23）や高さの違う屋根が重なり合っている仕事（写真1-24）などを散見します。こうした場合には，必要な防水立上り高さが確保できませんし，板金工事や塗装工事なども困難です。

　仕事がしずらい状況であっても頑張ってくれる職人さんが少なくありませんが，手が届かない場合や工具を十分に使えるスペースがない場合は，結果として欠陥工事となってしまうことが避けがたいといえます。

　外観も重要です。ただ，仕事がしずらい狭い部分をつくらない設計をすることが施工品質の確保につながることも念頭において設計をしていただきたいと思います。

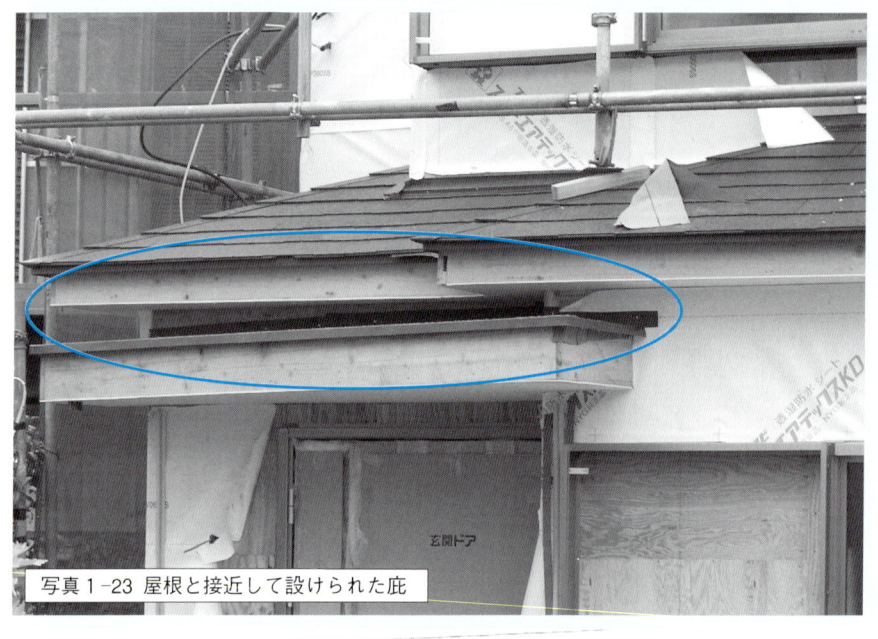

写真1-23 屋根と接近して設けられた庇

写真1-24 重なって設けられた屋根

4 小屋裏の換気は適切か

❶公庫仕様書に書かれている仕様を守っても,換気が十分とはいえないケースがある

　断熱材を屋根面に設けた場合には,小屋裏換気は不要ですが,図1-16の①の位置に断熱材を設けた場合は,夏期の温度上昇を防ぐために,②部分に対して小屋裏換気孔が必要になります。

　図1-17は,公庫仕様書に掲載されている小屋裏の換気方法ですが,規定の開口面積以上を確保すればいずれの方法を採ってもよいとされています。ただ,筆者の経験では,「ロ」を採用して規定の開口面積以上を確保していても換気が十分とはいえなかったケースがありました。「ロ」は他の方法に比べて換気能力が劣ると断定するものではありませんが,特別な理由がなければ,「ロ」以外の方法を指定することをお勧めします。

図1-17は,原典のまま掲載しています。
「ハ」が2つあることに気づくと思いますが,この2つの開口面積が同じであり,換気の方法として同種に分類していることから,同じ記号で表記しているようです。

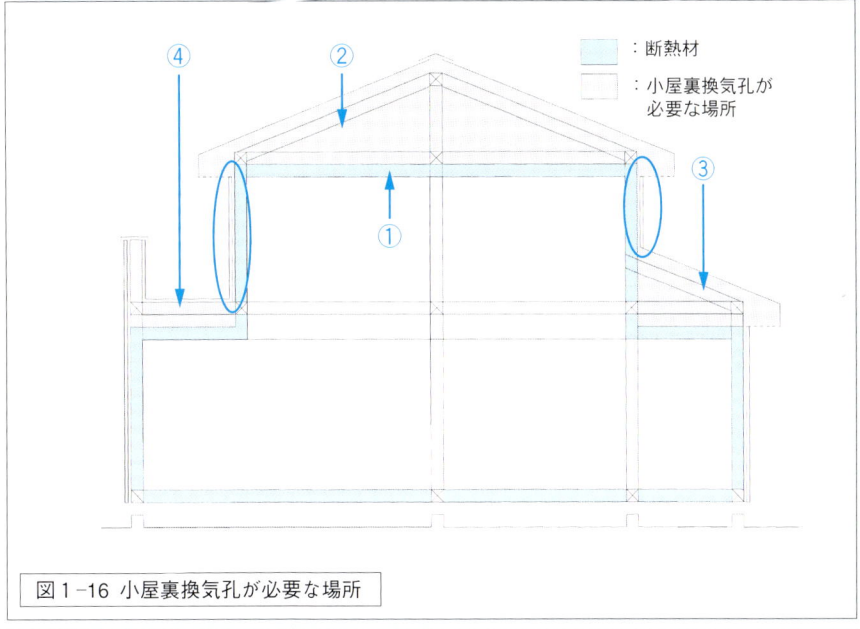

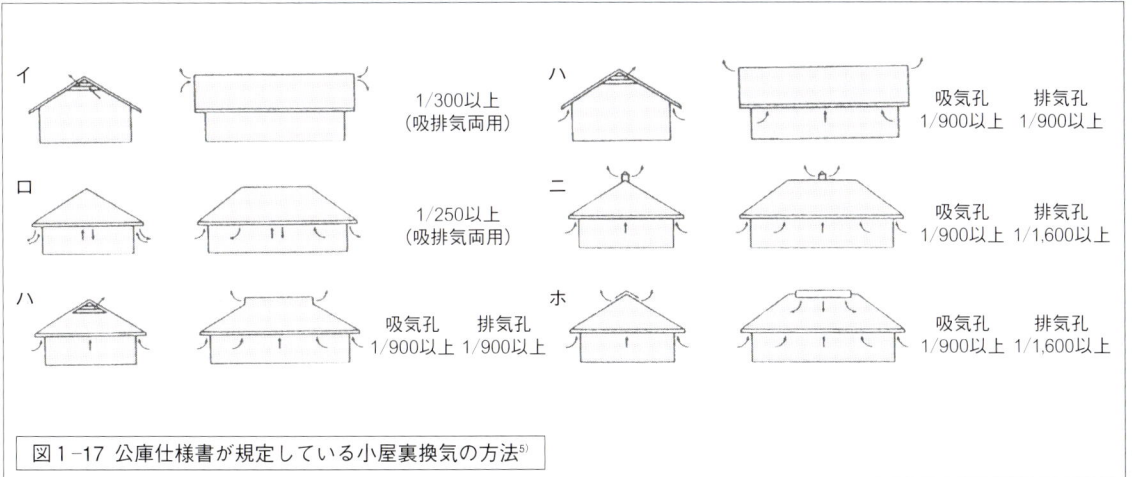

図1-16 小屋裏換気孔が必要な場所

イ	1/300以上（吸排気両用）	ハ 吸気孔 排気孔 1/900以上 1/900以上
ロ	1/250以上（吸排気両用）	ニ 吸気孔 排気孔 1/900以上 1/1,600以上
ハ	吸気孔 排気孔 1/900以上 1/900以上	ホ 吸気孔 排気孔 1/900以上 1/1,600以上

図1-17 公庫仕様書が規定している小屋裏換気の方法[5]

❷ バルコニーや下屋部分の換気孔がない事例が少なくない

　前ページの図1-16の③や④部分が日射の影響を受ける場合などは、小屋裏換気孔が欠かせませんが、設けられていないことが少なくありません。外壁通気層を設けた場合は、図1-16の②部分と③、④部分が○印部分を通してつながる形になりますので、これで問題ないと考えている方もいるようです。

　ただ、空気には粘性があり、外壁通気層の厚さが20 mm前後であることを考えると、この形に換気効果を期待することは危険です。図1-17の「イ」か「ハ」のいずれかに準じた形の換気孔を設けることが望ましいといえます。

バルコニーの下部に軒天井がある場合、写真1-25のように、①の換気孔だけを設けている仕事が大半です。これは図1-17の「ロ」に準じた形といえますのであながち否定はできません。

ただ、前述したように、他の方法に比べて「ロ」は、換気能力が若干劣るということを考えれば、このケースでは②部分にも換気孔を設け、「ハ」に準じた形とすることが望ましいといえます。

写真1-25　下部に居室があるバルコニーの換気孔①

軒天井がない場合は、写真1-26のように、そもそも換気孔が設けられていないことが少なくありません。

この場合は、○印部分に換気孔を設けて、「イ」に準じた形とすることが望ましいといえます。

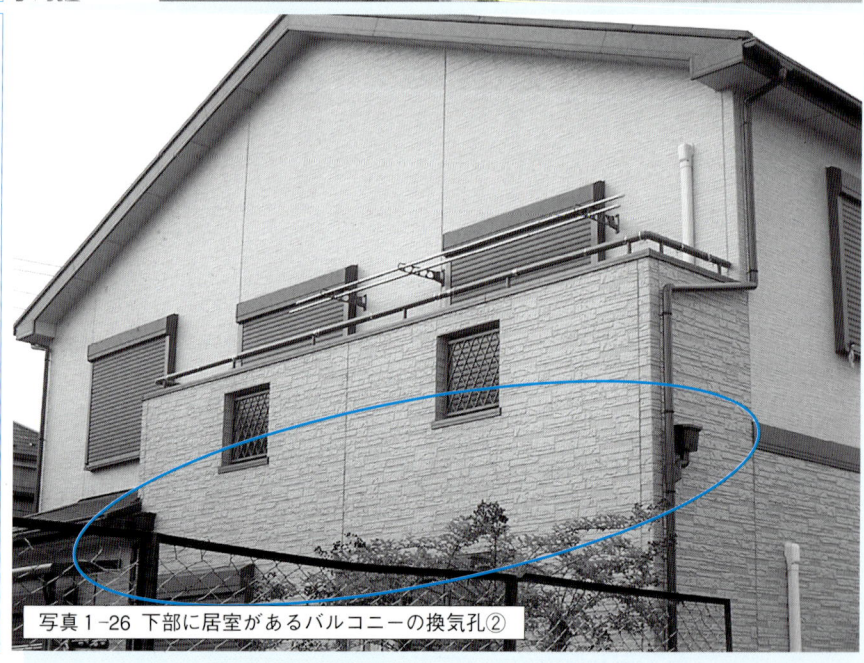

写真1-26　下部に居室があるバルコニーの換気孔②

5 配慮することなくバルコニー直下を居室としていないか

❶バルコニーの直下に居室を配置すると「欠陥を生じがちな形」になりやすい

　図1-18は実際に建築された建売住宅のプランですが，2階のバルコニー（○印②部分）の直下が居室（○印①部分）になっています。こうしたプランは，FRP防水やウレタン防水などの性能の良い防水材料の普及にともなって目にすることが多くなりましたが，構造上や防水上の配慮が足りない場合には問題が生じることがありますので注意が必要です。

　構造上の視点で言えば，仕口加工によって生じる断面欠損に対する配慮が必要です。

　1階に広い部屋を設けた場合には，直上の2階に設けられた柱や耐力壁を受ける柱を1階に配置できなくなることが少なくありませんが，図1-18はそれにあたります。2階の○印④部分を受ける柱が，1階の○印③部分にないことがわかると思います。

　次ページの図1-19は，図1-18のアイソメ図です。図1-19の①の柱を受ける②の梁は，周囲の小梁（③，④）も受けなければなりませんので，○印部分には図1-20や31ページの写真1-27のような仕口加工が施されることになります。②の梁が十分な大きさの断面寸法を持っていない場合は，大きな外力を受けた際に，この部分で破壊が生じる危険性があることを読み取っていただきたいと思います。

　建築主の要望や使い勝手などから，こうしたプランを採用せざるを得ないこともあると思いますが，その場合は仕口加工によって失われる部分を見込んだ十分な断面寸法を設計図に明記していただきたいと思います。

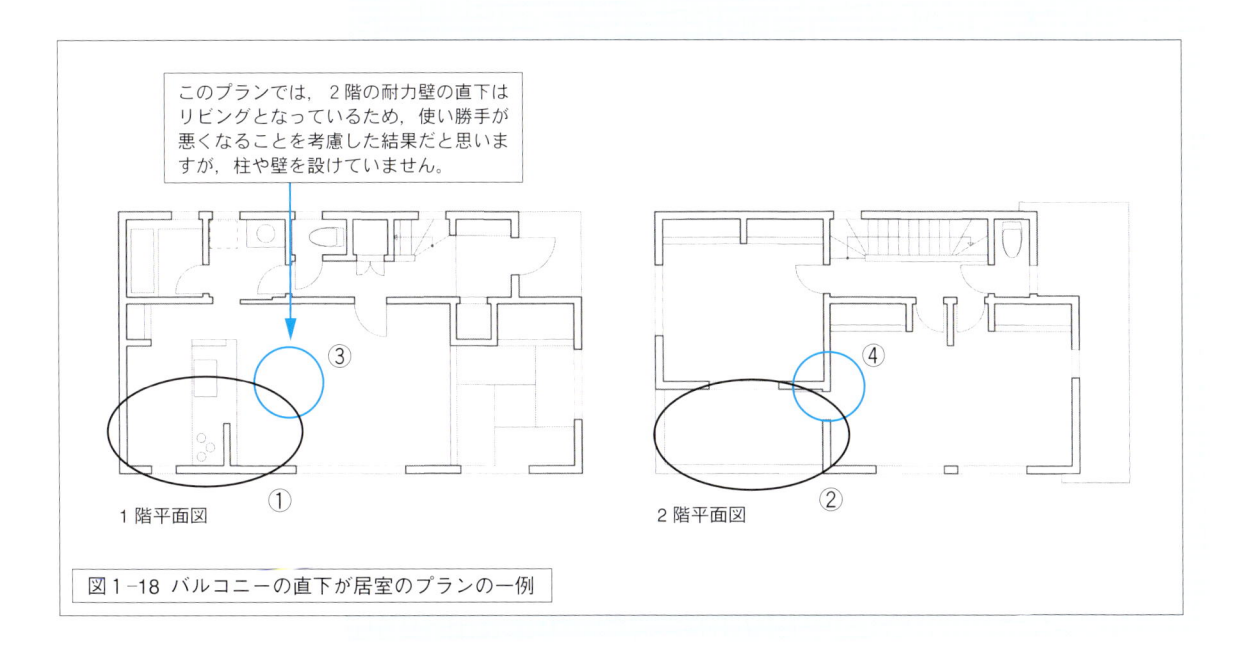

このプランでは，2階の耐力壁の直下はリビングとなっているため，使い勝手が悪くなることを考慮した結果だと思いますが，柱や壁を設けていません。

1階平面図　①
2階平面図　②

図1-18　バルコニーの直下が居室のプランの一例

図1-19の○印部分が，図1-18の○印部分です。同じく○印部分は，図1-18の○印部分にあたります。

外力を受けると，筋かいを流れてきた力が，①の柱脚部の位置で②の梁を押し下げる方向に働きます。①の柱の直下に柱があれば，この力を受け止めることができますが，このプランには柱がありません。

②の梁で支えなければならないことになりますが，この梁の○印部分には仕口加工が施されます。図1-20はその仕口部分を描いたものですが，次ページの写真1-27とあわせて見ることで，断面欠損の大きさを実感して下さい。

この架構には②の梁だけでなく，④の小梁にも仕口加工による断面欠損が生じ，かつ2階の柱の直下に1階の柱がない箇所が複数あります。

こうした部分には十分な配慮をもって断面寸法を決定していただきたいと思います。

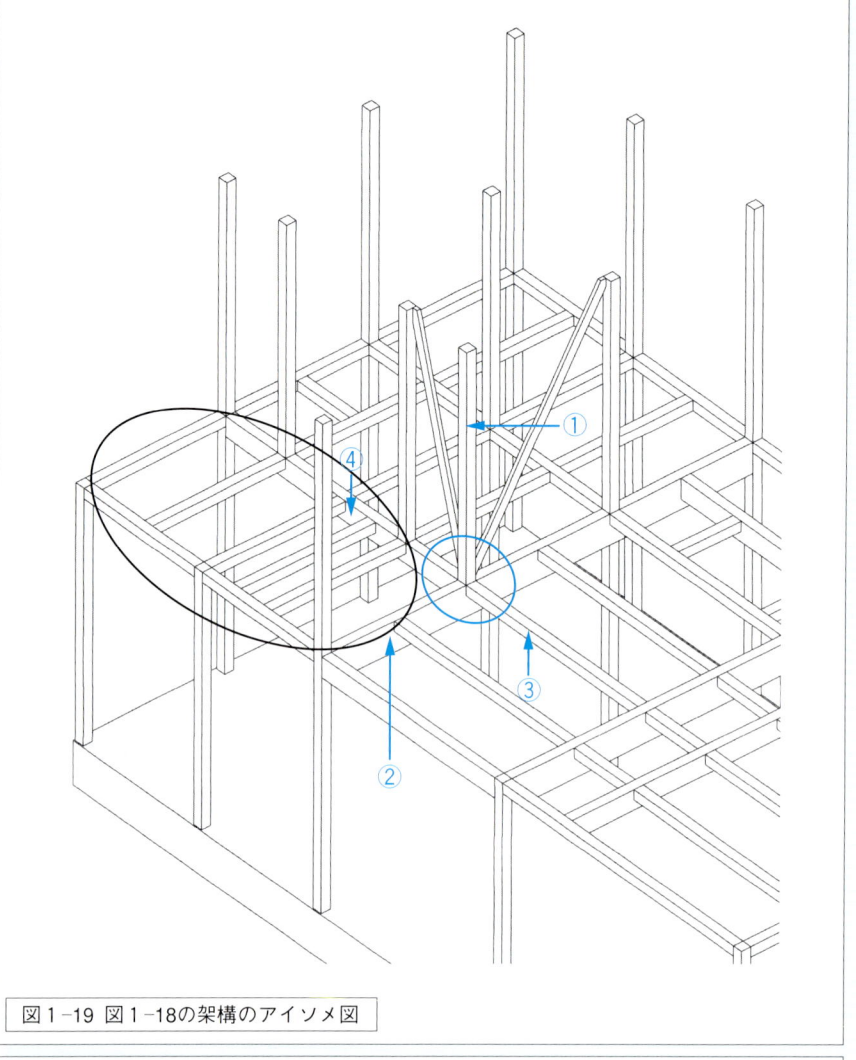

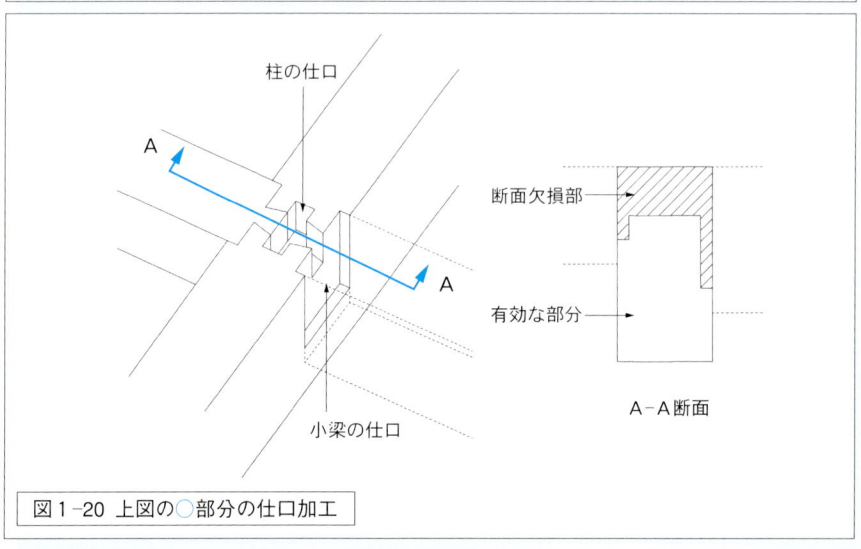

図1-19 図1-18の架構のアイソメ図

図1-20 上図の○部分の仕口加工

写真1-27はプレカットによる仕口加工ですが、手きざみでも基本的には同じです。この写真から梁や柱が取り合う部分の断面欠損の大きさを実感していただきたいと思います。

写真1-27 小梁と柱の仕口加工が施された梁

バルコニー回りでなくとも図1-18と同様な問題は生じます。写真1-28はそうした仕事の一例ですが、この架構が外力を受けた場合には、①の梁の○部分に大きな力が加わることが読み取れると思います。

配慮をもってプランニングをしないと、2階の柱の直下に1階の柱がないということはよく起こります。

1階に柱を設けることがベストですが、それができない場合は、こうした部分の梁成を十分な配慮をもって決定していただきたいと思います。

写真1-28 ○部分に大きな力が働く梁を受ける1階の柱がない架構

❷漏水の危険性を少なくするという配慮をもって設計にあたる

　図1-21は，直下に居室があるバルコニーを計画する際の注意事項が掲載されている性能保証住宅標準仕様書から抜粋したものです。

　○印の①では，排水ドレンの直下を外部とするように求めています。ドレン回りは漏水が生じやすい部位だということを考えると，当然のことだといえますが，28ページの写真1-26のような事例が少なくありません。

　一方，同ページの写真1-25は，住宅性能保証制度を利用してはいませんが，図1-21に準じた設計としている事例です。

　住宅性能保証制度の利用の有無にかかわらず，良い点は取り入れるという姿勢で設計をしていただきたいと思います。

横引き型のドレンを使えば図1-21のような形にする必要はない，という意見もあると思います。28ページの写真1-26はそうした判断があったのかも知れません。

しかしながら，排水溝部分には雨水が集中しますので防水層に問題が生じた場合には，大量の漏水が室内へ流れ込むことにつながります。

外観上や使い勝手などから特別な問題がないのであれば，右図の○印①の内容を守ることが望ましいといえます。

また，右図の○印②の配慮を取り入れることは，漏水の危険性を減らすだけでなく，日射を遮ることで防水層の劣化を遅らせる効果もあります。

コストアップにつながりますが，外観上の問題がないのであれば，一度は検討のまな板に載せていただきたいと思います。

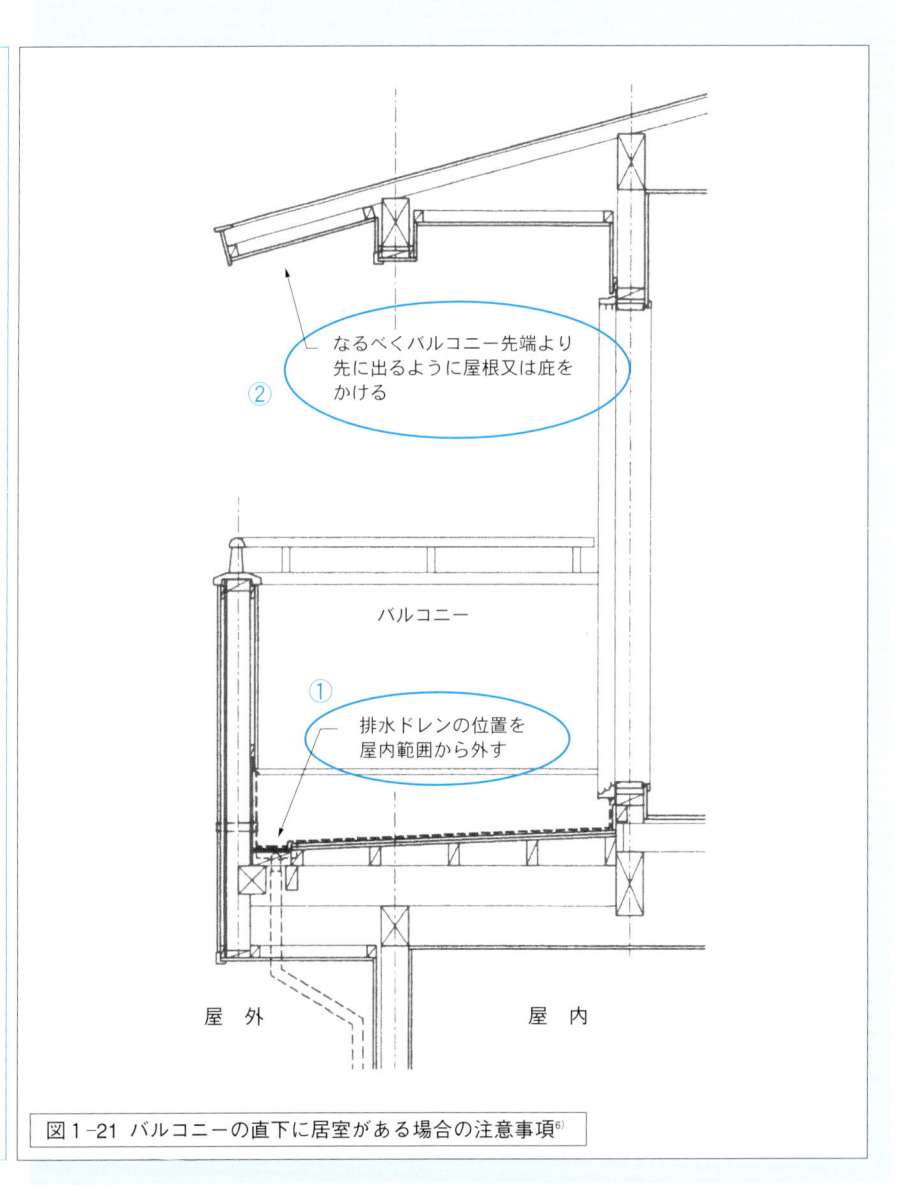

② なるべくバルコニー先端より先に出るように屋根又は庇をかける

① 排水ドレンの位置を屋内範囲から外す

バルコニー

屋外　　屋内

図1-21 バルコニーの直下に居室がある場合の注意事項[6]

❸ゼロスパンテンション に配慮する

現在，バルコニーの防水には，FRP防水やウレタン防水などを採用することが大半といってよいと思います。ただ，木造建築物は柔らかい構造物であり，小さな地震や弱い風を受けても架構が変形します。バルコニーの床も例外ではなく，防水層が施工されている下地が動く可能性があることを前提に防水の仕様を考える必要があります。

読者のなかには，ゼロスパンテンションという言葉を聞いたことのある方も多いと思います。ここで簡単に説明をしておくと，割れのない状態（スパンがゼロの状態）にあった下地に割れが生じた場合，それが引張り力（テンション）として防水層に働く現象（**図1-22**及び**写真1-29**参照）をいいます。仮に幅0.1 mmという非常に小さい割れであっても，それが割れのない状態から発生したものである場合には，無限大の割れに匹敵することになる，という考え方がゼロスパンテンションであるともいえます。

FRP防水やウレタン防水は若干の伸張性をもっていますが，ゼロスパンテンションが生じた場合には，無限の伸張性をもっている防水材はありませんので，理論上はどのような防水材でも破断してしまうと考えなければなりません。

バルコニーの下地板の突き付け部は，理論上はスパンがゼロではありません。ただ，限りなくゼロに近いという意味で，ゼロスパンテンションへの配慮は必要ですし，直下に居室があるバルコニーを計画する場合には，特段の配慮が必要だと考えていただきたいと思います。

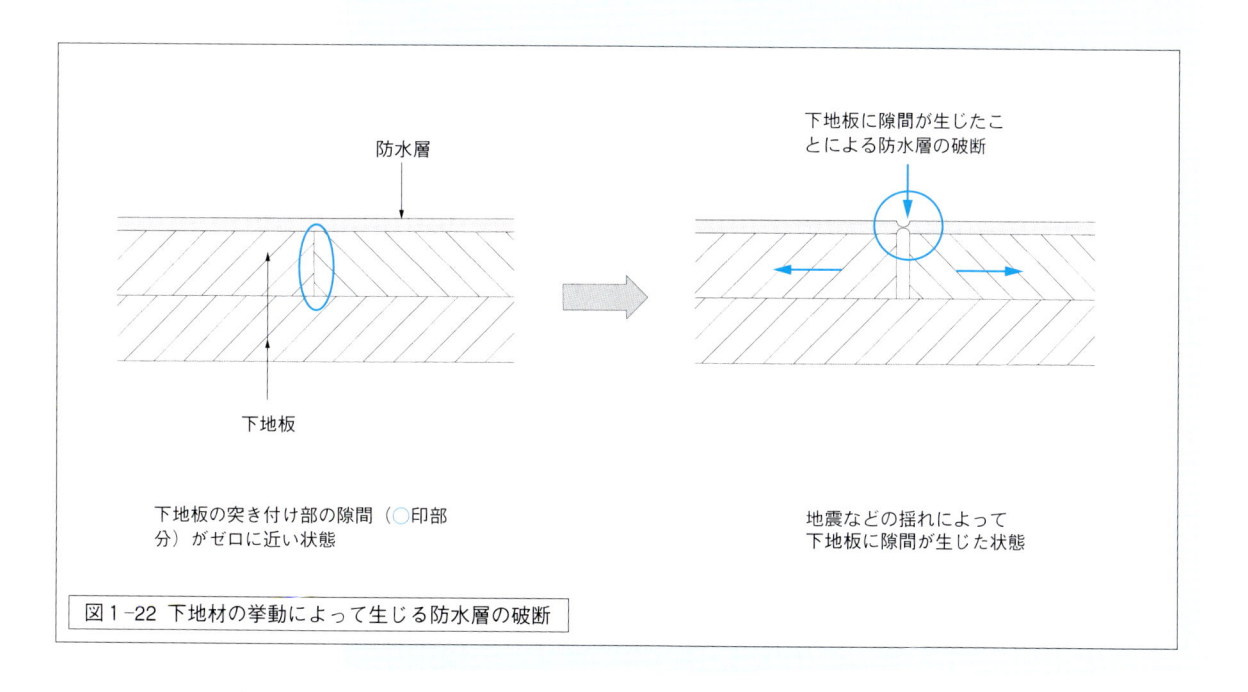

図1-22 下地材の挙動によって生じる防水層の破断

❹ゼロスパンテンションへの配慮の一つとして，絶縁テープによる処置がある

　防水層を破断させないためには，ゼロスパンテンションを生じさせないようにする必要があることを理解してもらえたと思いますが，その対策のポイントは「下地板と防水材が密着しない一定の幅の部分を設ける」ことです。この「一定の幅の部分」とは，図1-23の絶縁材がこれにあたります。

　例えば，下地材に幅1cmの隙間が生じても，突き付け部分に幅5cmの絶縁テープを施しておけば，図1-23のA部が，5cmから6cmに延びることができる伸張性をもっていれば破断を防げることになります。

FRP防水やウレタン防水などのマニュアルの多くは，下地板の目地をずらして重ね張りとすることで剛性を高めるよう指定しています。こうした配慮も当然必要ですが，これだけで下地板の挙動を完全に抑えることは難しい，と考えておくほうが安全です。

写真1-29は，下地板の目地をずらして重ね張りをした上にアクリル系合成樹脂を主成分とした塗膜防水を絶縁テープなしで施工した事例ですが，クラックが生じていました。

木造住宅は柔らかい構造体であり，目地部分での「ずれ」を完全に防ぐことはできないという前提で防水仕様を考えていただきたいと思います。

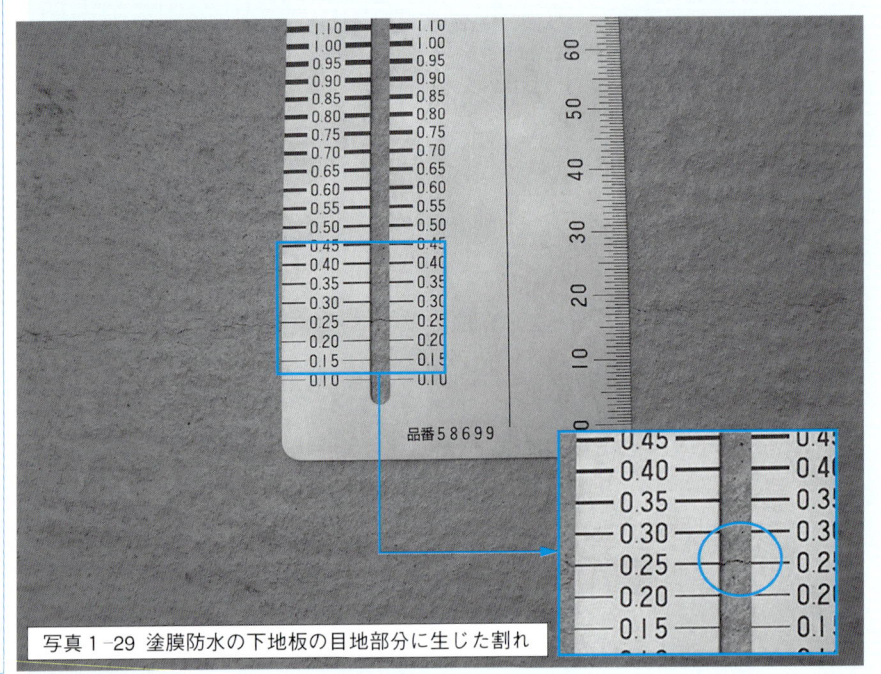

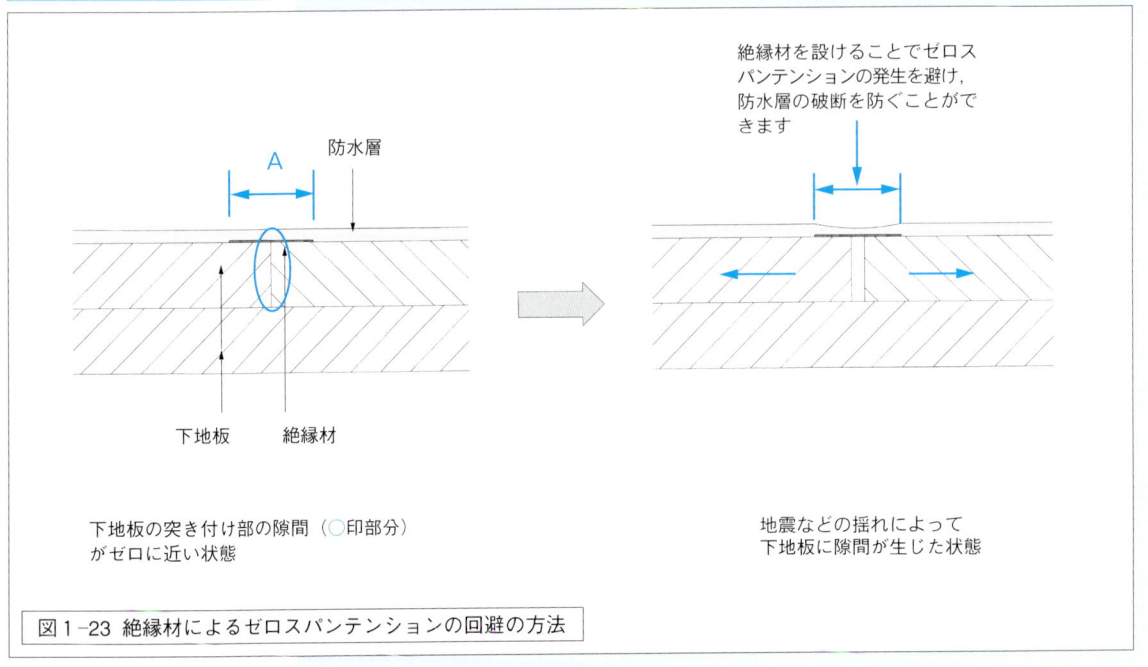

写真1-29 塗膜防水の下地板の目地部分に生じた割れ

図1-23 絶縁材によるゼロスパンテンションの回避の方法

下地板の突き付け部の隙間（○印部分）がゼロに近い状態

絶縁材を設けることでゼロスパンテンションの発生を避け，防水層の破断を防ぐことができます

地震などの揺れによって下地板に隙間が生じた状態

❺ 漏水を早期に発見する ための配慮が望まれる

　FRP防水やウレタン防水の耐用年数は，周囲の環境によって変動しますが，おおむね10年～15年程度といわれており，適切な時期に補修を行うことが必要です。しかしながら，筆者の知る範囲ですが，定期的なメンテナンスを行うケースは少なく，何らかの異常が生じてから手を打つケースがほとんどといってよいように思います。

　これは住み手の意識の問題が大きいといえますが，居室の直上のバルコニーからの漏水に関していえば，それをチェックできるつくりになっていない建物が大半であるという点にも問題があるといわなくてはなりません。

　防水層の表面を見ただけでは，漏水を生じさせているかどうかがわからない場合が多く，階下の天井面にしみなどが現れるまで気付かずに過ごしてしまうことが少なくありません。

　わずかな雨漏りであっても，長期間にわたれば躯体を腐朽させることもあり得ますので，バルコニーの内部をのぞくことができる天井点検口を設けて，年に1～2回の点検を励行してもらえれば早期発見ができるようになり，被害の拡大を防ぐことができます。

　天井点検口がデザイン的に許せない場合は，**写真1-30**のように，天井パネルを外すことができるいわゆる「システム天井」を採用する方法もあります。

> この事例では，長方形に組まれたフレームの上にアクリル製のルーバーパネルを載せて，いわゆる光天井としています。
>
> パネルは簡単に外れますので点検は容易ですが，ルーバーパネルはほこりがパネルの上に積もります。取り外して清掃することも可能ですが，パネルの枚数が多い場合は，それなりに手間がかかります。
>
> そうした手間を省きたい，というケースでは，ボード状のパネルを採用するなど，個々の状況に応じて判断していただければと思います。

写真1-30 システム天井の一例

2章

確認申請書には不要でも検討すべき内容がある

1　検討や作図を省略してしまうことが欠陥を生む
2　接合金物位置図を描いているか
3　耐力壁の釣り合いを偏心率で検証しているか
4　地盤調査報告書を設計者自身でも評価しているか
5　不適切な架構になっている部分はないか

1 検討や作図を省略してしまうことが欠陥を生む

❶確認申請書に添付を求められていない図面のなかに，施工品質を確保する上で重要なものが少なくない

　表2-1は，確認申請書の提出者に対して，□内の書類の添付を要請している文書（□は筆者が加筆）の抜粋です。このような文書をわざわざ作成している審査機関（確認申請書の確認業務を行っているのは，行政の建築課や民間の指定確認検査機関などですが，本書ではこの2つを「審査機関」と表記しました）があるということからわかると思いますが，多くの審査機関では，これらの図面の添付がなくとも確認をおろしています。

　次ページの表2-2はそうした審査機関の一つが作成した文書ですが，これは「建築士が設計・監理を行った場合は構造耐力などに関する法の規定を守っているかどうかを確認する必要はない」という建築基準法の特例（42ページ参照）に沿っていることであり，なすべき業務を怠っているというわけではありません。

　しかしながら，確認申請には必要がなくとも，以下の□内の図面や検証作業は，建物の施工品質を確保するためには必須のものです。

　設計者は，法の規定を守った設計を求められており，さらに設計意図を施工者に伝えることも求められています。審査機関からの添付の要請の有無にかかわらず，これらの図面の作図や検証を省略することは許されない，と考えていただきたいと思います。

筆者は，木造2階建住宅の確認申請書に軸組計算表を添付して提出したところ，審査機関から「軸組計算表の添付は不要」という指示を受けたことがあります。

法律上の必要がないことから，チェックをしない書類が，確認申請書に入ったままでは問題になると考えて抜き取る指示を出したのかも知れませんが，こうした姿勢は法律に反した行為ではないものの，建築主の立場に立てば好ましいとはいえません。

ただ，そのこと以上に考えていただきたいのは，そうした審査機関の姿勢に寄りかかって，施工品質を確保するために必須な図面や検証作業を省略する設計者がいるとすれば，そのことのほうがより大きな問題であるということです。

中間検査制度実施に係る「木造2階建て住宅」の確認申請添付図書について

　「木造2階建て住宅」の中間検査を効率的に行うため，建築確認申請書に，下記の図書を添付していただくようお願いします。

　また，工事監理者は，工事施工に際して，確認を受けた図書及び「平成12年建設省告示第1460号の木造の継手及び仕口」を参照のうえ，施工者に対して適切な指導を行っていただくようお願いします。

記

1. 添付図書
   - (1) 基礎の構造関係チェックシート（別紙-1）
   - (2) 軸組計算表・壁率比計算表・接合金物関係図書（別紙-2）

2. 対象建築物
   木造2階建て住宅
   （主要構造部の全部又は一部を木造とした住宅又は兼用住宅（延べ面積の2分の1以上を居住の用に供するものに限る）で地階を除く階数が2のもの）

3. 実施日
   平成14年7月1日以後に受付する確認申請書から

以下省略

表2-1 確認申請書に構造関係の図書の添付を求めている文書(部分)[7]

表2-2は，審査機関の一つが建築主に向けて配布している文書です。青のアンダーライン部（筆者が加筆）は，審査しないことがうたわれています。

右のような審査機関で確認がおりたケースでは，建築主にそのこととともに，審査機関のチェックがなくとも建築士の責務として構造耐力には問題がないことをきちんと検証していることもあわせて伝えていただきたいと思います。

再三述べているように，審査機関は構造耐力などの審査をしなくともその職責を果たしていることになりますが，確認がおりたことが構造耐力も含めた法律の規制に適合していることと同じだと考えている建築主にとっては，これが望ましいことであるはずがないからです。

建築士に期待されている役割は重く大きいことを自覚して設計にあたっていただきたいと思います。

建築主の皆様へ

《いつまでも安全で快適に暮らせる家づくりのために》

注記：建築確認申請が確認されました。以下の内容についてご確認願います。

建築基準法は，建築物の構造等に関する最低の基準を定めたものです。

皆様が，より安全に，そして快適に暮らすための家づくりは，建築の専門家である建築士に工事監理を依頼し，手抜き・欠陥工事を防ぎましょう。

また，下記の事項に注意して下さい。

1. ○○市が交付した確認済証は，建築士の責任において設計された部分（構造耐力，居室の採光・換気（シックハウス対策を除く）など）以外の内容について審査しています。民間の指定確認検査機関が交付した確認済証の内容については交付した確認検査機関にお問合せ下さい。（建築基準法第6条の3）
2. 木造建築物でも，延べ面積が100m²を超えるものは，建築士の資格を持った工事監理者を定めなければ工事を行うことができません。（建築基準法第5条の4）
3. ○○県内の各特定行政庁では，民間の指定確認検査機関で確認された物件を含め，任意に工事現場の巡回を行っています。○○市においても市職員が工事現場に伺う場合がありますので，ご協力のほどよろしくお願いいたします。
4. 工事が完了しましたら，その日から4日以内に完了検査の申請をして下さい。（建築基準法第7条）

●完了検査申請をする際に，申請手数料と次の書類が必要になります。

① 完了検査申請書（第1～4面まで）
② 工事写真（建築基準法施行規則第4条）
　（1）内装の仕上げに用いる建築材料の取り付け等の工事終了時
　（2）屋根の小屋組の工事終了時
　（3）構造耐力上必要な軸組もしくは耐力壁の工事終了時
　（4）基礎の配筋の工事終了時
③ 現場付近の案内図

※○○市では，建築基準法・個人情報保護条例により，建築主の皆様に確認申請の際に提出していただいた「建築計画概要書」のうちの1部を○○消防署長への通知として，使用させていただいております。民間の指定確認検査機関の消防署長への通知については交付した確認検査機関へお問合せ下さい。

表2-2　構造耐力に関しては審査しないことをうたった文書

表2-3は，38ページの表2-1の文書を公表している審査機関が添付を要求しているシートです。

このシートでは，地耐力と基礎構造の2点が，建築基準法の規定に適合していることを設計者が確認したことの証明を求めていますがその根拠の提示までは求めていません。

これは「建築士である設計者は建築基準法の規定を遵守してくれるはずだ」という前提に立った上での扱いであることを設計者の方々には自覚してもらわなければなりません。

根拠の提示を求められていないからといって，検証を省略してしまうようなことがあれば，それは社会が建築士に対して期待し求めていることに背き，自分自身の首を絞める結果になる，ということを念頭において設計にあたっていただきたいと思います。

（別紙1）

基礎の構造関係チェックシート

　　　　　　　　　　　　　　　　　　　年　　月　　日

京都市建築主事　　　様

　　　　　　　　　設計者　住所
　　　　　　　　　　　　　氏名　　　　　　　　㊞

　下記の各項目については，建築基準法施行令第38条及び建設省告示第1347号に基づき，適法であることを確認しましたので報告します。

　　　　　　　　　　　　記

◎　地耐力の確認
　□　標準貫入試験
　□　スウェーデン式サウンディング法
　□　その他の方法（　　　　　　）

◎　基礎の構造
　□　20 kN/m²未満　　　　　⇒　基礎ぐい
　□　20以上30 kN/m²未満　　⇒　基礎ぐい・べた基礎
　□　30 kN/m²以上　　　　　⇒　基礎ぐい・べた基礎・布基礎
　□　その他構造計算等で確認　⇒

注意：□欄の該当する箇所にチェックしてください。

表2-3　表2-1の別紙-1[7)]

図2-1も前ページと同様のシートです。

この審査機関では，N値計算をした場合は，すべての金物を記入することを求めていますが，計算式までは求めていません。

これは，前ページと同様に「建築士である設計者は建築基準法の規定を遵守してくれるはずだ」という前提に立った上での扱いでありこの期待に応えて法の規定の一つ一つをきちんとクリヤーしていただきたいと思います。

繰り返しになりますが，根拠を求められていないからといって検討を省略してしまうようなことは，自分自身の首を絞める結果になる，ということを念頭において設計にあたって下さい。

（別紙2の参考図）

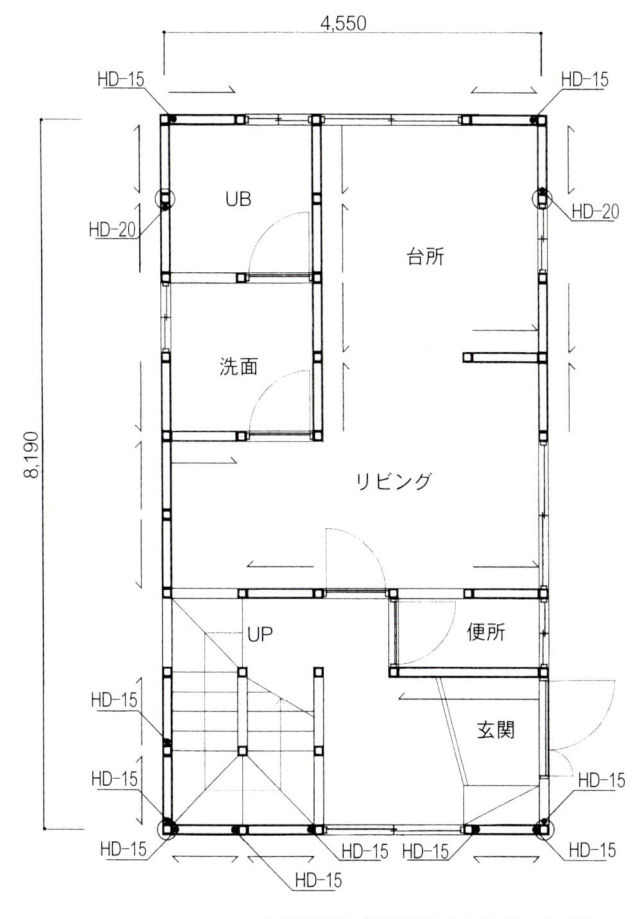

この図面は（別紙2）の「1.告示の表による場合」の記入例です。
「2.N値計算」及び「3.構造計算」の場合は，全部の金物を記入して下さい。

○通し柱
○管柱
○筋かい　30×90
　　　　　30×90　たすき掛け
（上）　　45×90
　　　　　45×90　たすき掛け

1階平面図（基礎埋込み金物図）（1/50）

図2-1　表2-1の別紙-2[7]

❷法律の解釈に微妙な点がある場合は事前相談をする，という習慣をつけておくことが施工品質の確保につながる

　200m²以下で2階建以下の建築物は，建築基準法第6条第1項第四号に規定する建築物に該当することから，通称「四号建築物」と呼ばれています。この四号建築物には，建築士が設計監理を行ったものであれば，審査機関は構造耐力などに関する確認業務を行わなくてもよいという特例が定められています。

　一方，平成18年8月に社会資本整備審議会は，建築分科会基本制度部会の報告書を踏まえた答申を行いました。このなかには「建築士による適切な業務を信頼して建築確認の一部を省略する制度であるが，今回ずさんな設計が多数の建築士によって行われていたことが明らかとなったことを受け，この特例制度の是非についても検討が必要となっている」と書かれています。

　今後，この特例の見直しがどのような形となるのかを見守る必要がありますが，確認申請への添付の要請の有無にかかわらず，施工品質を守る上で必要な図面は省略しないでいただきたいと思います。

特例の見直しが検討されている直接の理由は，右の記事に書かれているように，多数の耐震強度不足の建物が発見されたことが契機になったといってよいと思います。

告示1352号には，「1階の床面積には当該階や2階の小屋裏や天井裏などの物置部分を告示1351号の規定に沿って算出した面積を加える」ということが明記されています。

つまりこの問題は，壁率比計算をしたことがある者にとってみれば，建物全体の耐力壁量を算出する際にも同様の扱いをすることのほうが自然であり，異なる計算をすることのほうがおかしいともいえます。

ただ，記事（青線部分は筆者が加筆）にもあるように，法律の解釈に審査機関による違いがあるようです。これが結果として，不適切な仕事を発生させる原因の一つになったとすれば，設計者だけがその責を負うのは不当と感じますが，だからといって結果責任から逃れることはできません。

法律の解釈に微妙なところがある場合は，手間だとは思いますが，審査機関に事前相談をするという習慣をつけておくことも，こうした問題の発生を避けることにつながります。

法律の解釈に関することであれば，行政はもちろんですが，民間でも無料で答えてくれるはずです。

トラブル　告示の理解が不十分で床面積を算定ミス

また大量に判明、木造戸建て住宅の壁量不足

　東証一部上場の分譲住宅会社アーネストワン（東京都西東京市）は9月27日，同社が分譲して引き渡し済みの木造2階建ての戸建て住宅1万2211棟のうち，289棟（2.4％，ただし暫定的な棟数）の壁量が建築基準法の基準を満たしていないと発表した。すべて設計を社外の設計者に委託した物件だという。

　アーネストワンによると，戸建て分譲住宅の最大手で同社の大株主でもある一建設（東京都練馬区）が6月に681棟の壁量不足を発表したのを受け，1万2211棟分の設計図書を再調査した結果，問題が判明した。

　同社は壁量不足の住宅の購入者にその旨を連絡し，補強を行う。さらに，これらの住宅の設計者には補償の請求を検討している。「設計の先生方に裏切られた思いだ」と岡田慶太社長室長は言う。

　今後，社外で作成された設計図書のチェックを強化するとともに，今は数パーセントという自社設計物件の割合を高めたいとしている。

遠因は「4号の特例」か

　今回のミスは同社が取引している設計事務所30～40社のなかの多数が犯していたという。原因としては一建設の件でも発生したCADの操作ミスのほか，壁量計算の前提となる床面積算定の誤りもあった。「2000年の旧建設省告示1351号の理解が不十分で，小屋裏の収納などの寸法を床面積に正しく反映させていなかった設計者がいたと聞いている」（岡田室長）。

　ある行政庁の建築審査担当者は，「木造2階建て住宅の大半を占める4号建築物は，建築確認・検査の際に構造耐力関連の審査を省略されるのが一般的。細かい法規を設計者が順守しているか，不安はある」と打ち明ける。

　2000年の告示1351号は，同年の建基法の性能規定化に対応して建設省が出した告示の一つ。木造住宅の収納の大型化に伴い，それを壁量計算にどう反映させるかを決めたものだ。

　国土交通大臣の諮問機関である社会資本整備審議会の建築分科会は，構造計算書偽造事件だけでなく一建設の不祥事も踏まえて，4号建築物の特例見直しを8月31日にまとめた答申に盛り込んだ。これを受けて，国交省は特例の見直しを進めている。

　この動きについて，アーネストワンと取引している設計者の一人は，「木造住宅の信頼回復のためにはよいことだ」と話している。

（安藤　剛）

アーネストワンの住宅の壁量不足と関連があるとされる告示
2000年の旧建設省告示1351号「木造の建築物に物置等を設ける場合に階の床面積に加える面積を定める件」（建築基準法施行令46条4項関連）

[図: 物置などがある階（この場合は2階）の床面積に，(h÷2.1)×Aの数値を加える。h:物置などの内法高さの平均値(m)，A:物置などの水平投影面積(m²)]

行政庁などで異なる告示の運用

　左の図で示した告示は，物置などの寸法に基づく数値を，物置などがある階の床面積だけに加えればよいように読める。

　しかし横浜市のように，その階が2階である場合，物置などの荷重に配慮して，2階だけでなく1階の床面積にも同じ数値を加算すべきだとする行政庁や民間確認検査機関がある。アーネストワンと取引している設計者のなかには，こうした告示の理解が十分でなく，壁量計算の前提となる床面積の算定でミスをした者もいた。

図2-2　四号建築物の特例が欠陥工事の遠因と指摘している記事[8]

2 接合金物位置図を描いているか

❶確認申請に「接合金物位置図」が必要ないからといって、作図を省略してよいということにはならない

確認申請に「接合金物位置図」を添付する必要のない場合には、施工者用としての図面も描かない施工会社があるようです。筆者が行った第三者監理のなかにも、「告示第1460号の規定通りに金物を設けるので、設計図としてだけでなく、施工図としての〈接合金物位置図〉も必要ない」という説明をする、設計施工を一括して請け負う会社がありました。

この場合、現場で架構の状況を見ながら金物を決定するということになりますが、半割りの「たすきがけ筋かい」と「片筋かい」の2種類程度を使用するケースであれば、現場で判断しながら金物を取り付けることはそれほど難しくありません。ただ、これはどちらかと言えば特殊例であり、告示の規定通りに金物を設けると、図2-3に示したように、過剰といってもよいほどの金物が必要になることから、コスト意識が高い施工会社ほど、N値計算で金物を決定しているといってよいと思います。

N値計算はそれほど難しい計算ではないものの、現場で計算をしながら金物を決定するのは現実的ではないことは、次ページの告示式の計算例を見れば理解していただけると思います。

「接合金物位置図」がないと現場が困るだけでなく、設計者自身も現場の仕事の適否を判断する際に、告示の表を見てチェックするかN値計算をしないといけないことになってしまいます。どのような決定方法をとるにせよ、「接合金物位置図」は設計者にとっても必要なことを理解していただきたいと思います。

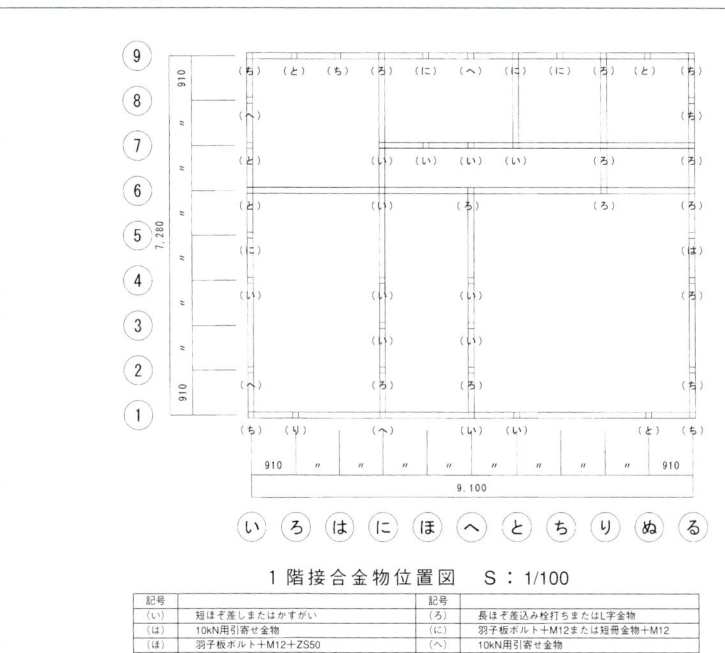

設計者のなかには、「接合金物位置図」を施工図と位置付けて、これを施工者の仕事であると考える人がいるようです。ただ、そうした考えは、設計者がなすべき仕事を施工者に押し付けている、といわなくてはなりません。

なぜなら、施工者が提示した見積書の金物費が適正であるかどうかを判断するには、金物の種類と数量を把握しておかなくてはなりませんが、「接合金物位置図」がなければそれができません。また、工事監理者として現場を確認する際に「接合金物位置図」がないと、適切な金物が使われているかどうかが判断できません。

必要が生じた際に、金物の種類や数量を確認すればよい、という考えもあるかも知れませんが、時間がかかり過ぎますので、それは現実的ではありません。「接合金物位置図」がなければ施工者が「経験と勘」で金物を決定していたとしてもそれを見破ることができない、と理解して下さい。

1階接合金物位置図　S：1/100

記号		記号	
(い)	短ほぞ差しまたはかすがい	(ろ)	長ほぞ差込み栓打ちまたはし字金物
(は)	10kN用引寄せ金物	(に)	羽子板ボルト＋M12または短冊金物＋M12
(ほ)	羽子板ボルト＋M12＋ZS50	(へ)	10kN用引寄せ金物
(と)	15kN用引寄せ金物	(ち)	20kN用引寄せ金物

図2-3　接合金物位置図の一例

図2-4A と図2-4Bは同じ架構です。前者には告示の表に従った金物，後者には算定式で求めた金物を取り付けています。

金物が変わっていない仕口もありますが，多くの仕口で，後者に使われている金物の耐力のほうが小さくなっていることがわかると思います。

参考として，金物の耐力に最も差が生じている仕口の一つである，図2-4Bの①の柱のN値計算例を以下に示します。

①柱の計算
算定式：
N＝A1×B1＋A2×B2－L

A1：計算する柱の両側の壁の倍率差：2.5
（A1＝4.0－2.0＋0.5
（0.5は補正値））
B1：1階の周辺部材係数：0.5
A2：2階の柱の両側の壁の倍率差：0
B2：2階の周辺部材係数：0.5
L：押え効果係数：1.6
上記から
N＝2.5×0.5＋0×0.5－1.6＝－0.35

N値がマイナスとなりますので，①の柱の柱頭・柱脚の金物は，告示の表の(い)の「かすがい」でよいことになります。

告示の表によって求めた場合に必要となる(と)の「15kN用の金物」との違いを実感して下さい。

図Ⅲ-1　2階建ての軸組モデルによる柱の仕口（告示の表から求めた場合）

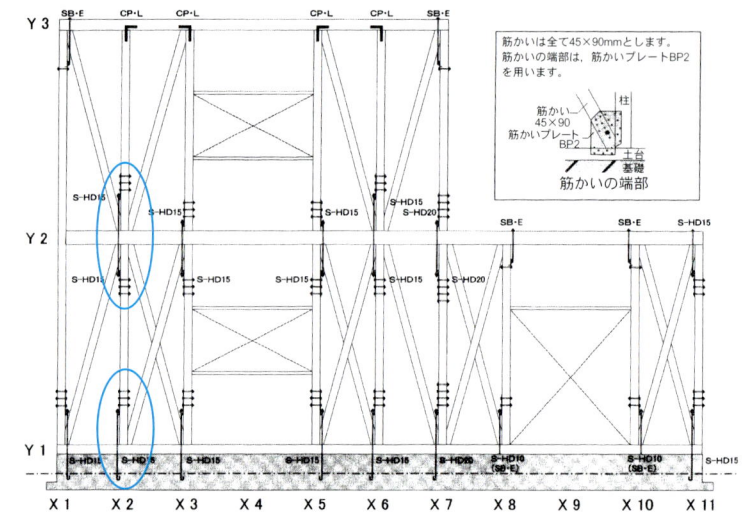

A：告示の表から求めた接合金物軸組図

図Ⅲ-2　2階建ての軸組モデルによる柱の仕口（算定式から求めた場合）

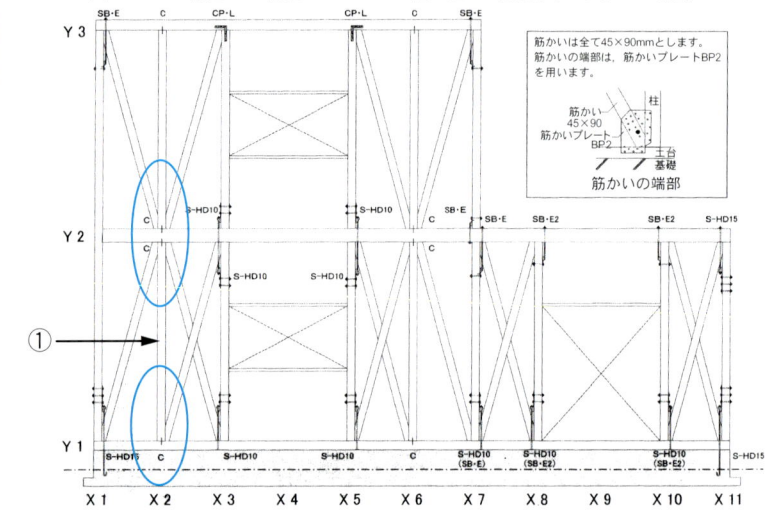

B：算定式から求めた接合金物軸組図

図2-4　接合金物軸組図[9]

❷「接合金物位置図」を作図することが，確かな施工品質を約束する

　接合金物を決定する方法として，下表の「N値計算による筋かい配置のパターン」を使う方法もあります。この表が使えるのは，2つ割り筋かいを使った架構に限定されているものの，手計算の煩雑さや間違いを避ける現実的な方法の一つといえます。

　ただ，大工さんや施工管理者の立場で見ると，表を見ながらいちいち金物を確認して作業をすることはあまり現実的とはいえず，それは設計者の立場で見ても同じです。

　「接合金物位置図」の添付を求める審査機関は少数派ですが，添付の要求の有無にかかわらず，パターン表でもN値計算でも，許容応力度計算でもよいですから，いずれかの方法によって「接合金物位置図」を作成しておくことが，確かな施工品質の実現につながると考えていただければと思います。

> 筆者は使ったことがなく，その効果を正確には評価できませんが，N値計算専用の計算盤があるようです。
>
> ある一箇所の仕口に使われている金物の適否を判定する際には，これを使うことは有効な方法の一つと感じます。
>
> ただ，現場作業のなかで，数多くの仕口の金物を一つ一つこの計算盤を使って決定していくことや見積書の査定に使うには時間がかかり過ぎます。また，うっかりミスを犯す危険性もあります。
>
> この計算盤を使う場合は，最低でも2回は計算を行い，その結果を「接合金物位置図」という図面の形に残しておくことが必要と考えていただきたいと思います。

■表II　N値計算による筋かい配置のパターン
（平成12年10月16日現在）

表II-1　1階の柱

表2-4　N値計算による筋かい配置のパターン表（部分）[10]

3 耐力壁の釣り合いを偏心率で検証しているか

❶告示の規定を守って設計しても，耐力壁の釣り合いが悪い建物になってしまう場合がある

図2-5の建物は，告示第1352号の規定を満足していますが，偏心率が0.494（49ページの表2-6の□部分参照）となっており，この建物は耐力壁の釣り合いが悪いといわなくてはなりません。告示の規定を満足しているにもかかわらず，なぜこのようなことになってしまうのでしょうか。

それは，この告示の「三」に「前号の壁率比がいずれも0.5以上であることを確かめること。ただし，側端部分の壁量充足率がいずれも1を超える場合においては，この限りではない」と規定されている「ただし書」の部分にあるといってもよいと思います。

つまり，偏心率計算では，2階の位置を考慮して架構の適否を判定しますが，告示第1352号では壁量充足率がいずれも1を超えた場合には「ただし書」が適用され，結果として2階の位置に関係なく適否を判定してしまうことになるからです。

図2-5の建物はこのケースにあたり，壁量充足率が1を超える設計をした場合に，告示を守ることだけに目を向けると，偏心率の大きな建物を設計してしまう危険性があることを理解していただきたいと思います。

告示第1352号には，「ただし書」によって偏心率が0.3以下であることが確認された場合は，壁率比のチェックは不要とも規定されています。

つまり，耐力壁の釣り合いについて，告示では偏心率が0.3以下であれば問題ないと判断しているということになります。

国土交通省国土技術政策総合研究所の上席研究員の方が，0.15以下としなかった第一の理由として「平面計画上の著しい妨げとなることが予想される[11]」ということをあげておられますが，筆者の経験では，0.15以下とすることで著しい妨げを感じたことはありません。

言うまでもないことですが偏心率を優先して，使い勝手上の問題を二の次にするような設計はできません。ただ，耐震性能を確保することも，住宅設計にあたっての重要な目標の一つです。

法律の定めにはこだわらずに，偏心率を検討する場合は，0.15以下を目標値としていただきたいと思います。

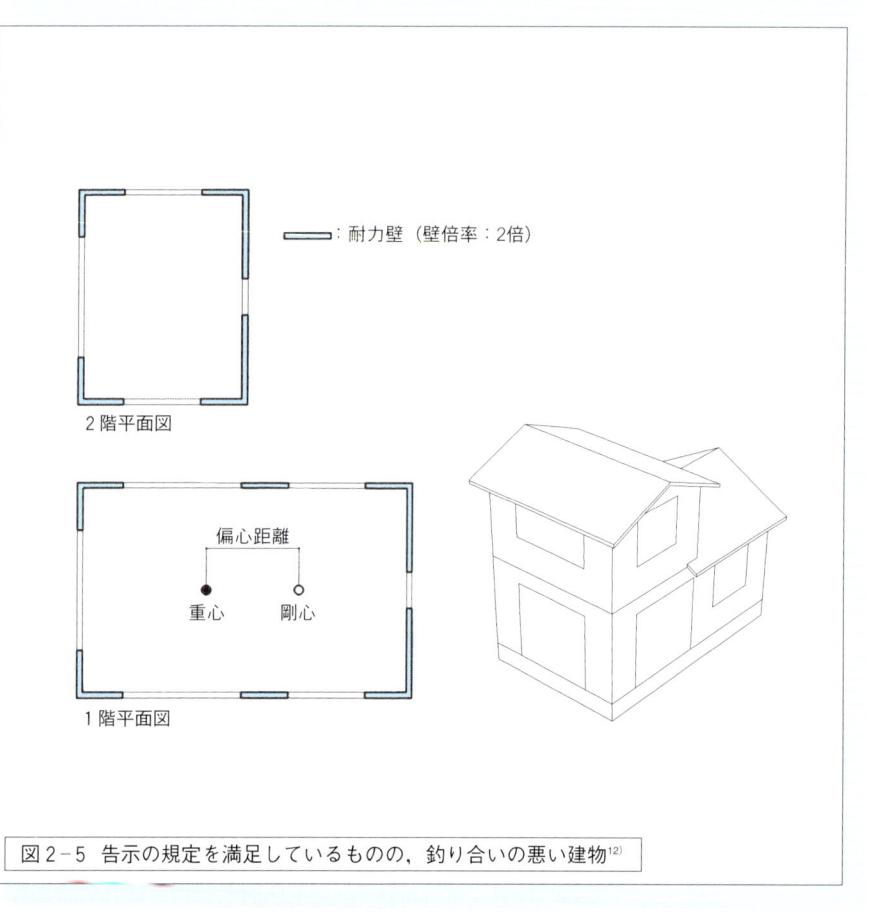

図2-5 告示の規定を満足しているものの，釣り合いの悪い建物[12]

前ページの図2-5を告示第1352号の規定に従って壁量充足率を計算して,それを整理したものが,右の図2-6と表2-5です。

各部分の壁量充足率を,表2-5Aと同Bの■部分に記載していますが,桁行きと張り間のいずれの方向も,1.0を超えていることがわかると思います。

告示の規定に従えば,このことがわかった時点で,壁率比を計算する必要はなくなりますが,このようにして,耐力壁の釣り合いが悪い建物が見過ごされてしまう場合があることを理解していただきたいと思います。

ここで取り上げた図は簡略化したものであり,現実にはあり得ないプランです。ただ,南側に大きな開口部を設ける一方で,北側の開口部が小さいプランは,現実に多く見受けられます。

そうしたプランで,2階部分を開口部の大きいエリアに寄せて配置すると,耐力壁の釣り合いという視点で見れば,この図に近い建物になってしまいます。

告示の規定は満足していても,耐力壁の釣り合いの悪い建物があり得ることを念頭において設計にあたっていただきたいと思います。

A：桁行き方向の算定図

B：張り間方向の算定図

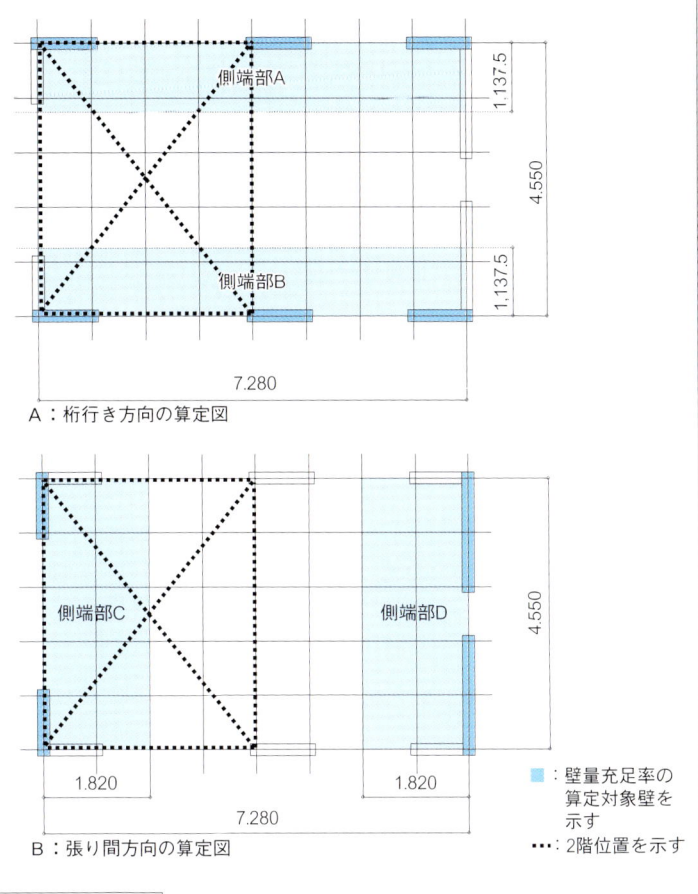

■：壁量充足率の算定対象壁を示す
‥‥：2階位置を示す

図2-6 壁量充足率の算定図

A：桁行き方向の計算		
側端部A		
側端部の床面積	1.1375×7.28＝8.281	
必要壁量	8.281×0.33＝2.73	2階建の扱い→倍率0.33
存在壁量	0.91×3×2.0＝5.46	
壁量充足率-A	5.46/2.73＝2.0＞1.0	
側端部B		
側端部の床面積	1.1375×7.28＝8.281	
必要壁量	8.281×0.33＝2.73	2階建の扱い→倍率0.33
存在壁量	0.91×3×2.0＝5.46	
壁量充足率-B	5.46/2.73＝2.0＞1.0	

B：張り間方向の計算		
側端部C		
側端部の床面積	4.55×1.82＝8.281	
必要壁量	8.281×0.33＝2.73	2階建の扱い→倍率0.33
存在壁量	0.91×2×2.0＝3.64	
壁量充足率-C	3.64/2.73＝1.33＞1.0	
側端部D		
側端部の床面積	4.55×1.82＝8.281	
必要壁量	8.281×0.15＝1.24	1階建の扱い→倍率0.15
存在壁量	0.91×4×2.0＝7.28	
壁量充足率-D	7.28/1.24＝5.87＞1.0	

表2-5 壁量充足率の計算

❷簡易計算であれば，偏心率の計算はそれほど難しくない

　偏心率を計算するためには，建物の各部の重量などを拾い出す必要があります。こうした作業は手間がかかることから，木造２階建の建築物ではなかなか踏み切れないという現実があるようです。

　ただ，偏心率計算にはあらかじめ設定した荷重条件に基づいて計算をする，簡易計算といえる方法があります。図２−７及び表２−６は，図２−５のプランの偏心率を簡易計算によって計算したものです。ただ，表２−６のような手計算は手間がかかります。そこで，この計算式をexcelで整理したものが50ページの表２−７です。

　こうした表計算書があると，壁の位置や倍率を変えて幾通りもの検証が簡単にできるようになります。簡易計算であっても，建物の各部の重量を拾い出した計算で得られる偏心率と大きな差はないといってよく，この計算で得られる偏心率は概略値であることを念頭において活用してもらえれば，問題はありません。

　告示の規定では，壁率比を計算すれば，偏心率の計算は必要ありません。ただ前述したように，告示第1352号のチェックだけでは釣り合いの悪い建物を見逃してしまうという問題があります。より確かな安心を建築主に感じてもらうためにも，設計の初期段階から偏心率を確認しつつ設計を進めていただきたいと思います。

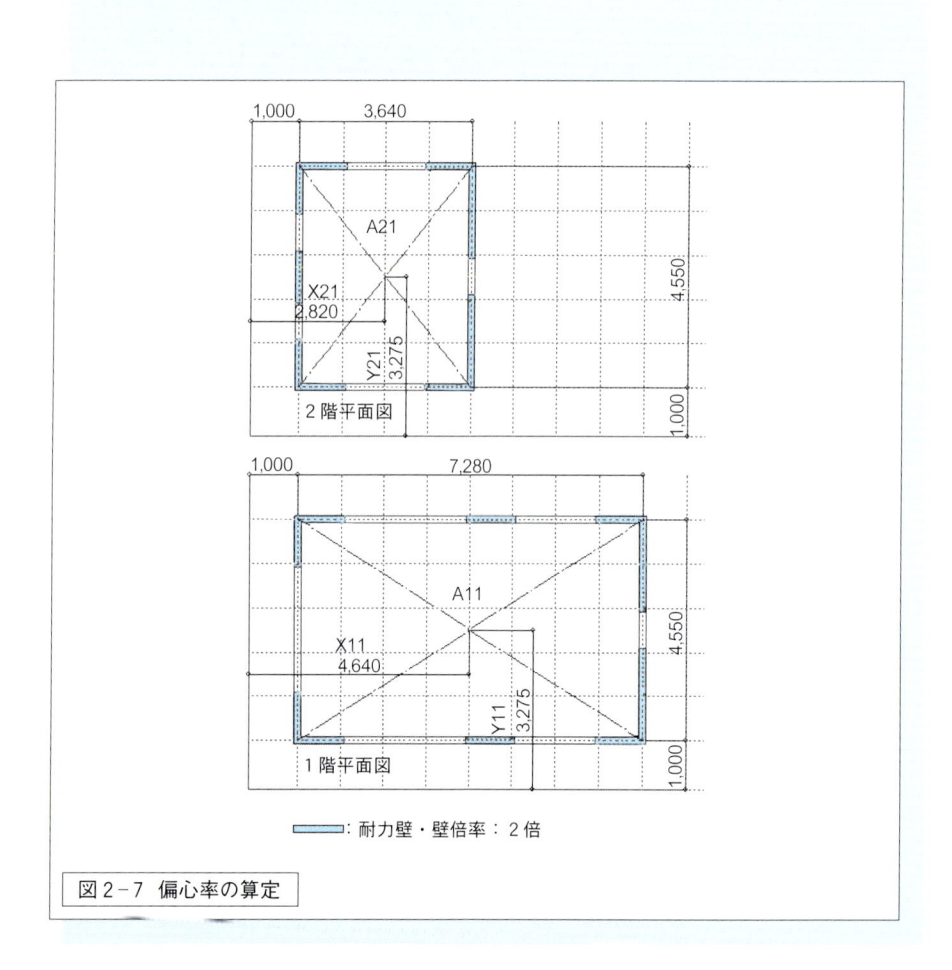

図２−７　偏心率の算定

注記1：
$A1_i$の「1」は階数，「i」は平面を矩形に区切ってそれぞれに付けた通し番号です。図2-7は1，2階ともに1個の矩形ですので，$A11$と$A21$としています。複数の矩形の組合せとなるプランであれば，1階は$A11$，$A12$，$A13$・・・と番号を付けて下さい。

注記2：
$X1_i$は$A1_i$のX軸上の距離です。図2-7でいえば，$A11$のX軸上の距離は$X11$の4.64ということになります。

注記3：
右の算定表は「軽い屋根」で計算しています。

注記4：
右の算定表の壁倍率は，すべて2倍としています。

●図2-7の偏心率の算定

・重心の算定条件
 重い屋根：$K=15$，軽い屋根：$K=11$

・1階の重心位置の計算
$$X1_g=(k\Sigma A1_i \times X1_i+18\times\Sigma A2_i\times X2_i)/(k\Sigma A1_i+18\times\Sigma A2_i)$$
$$=(11\times33.124\times4.64+18\times16.562\times2.82)/(11\times33.124+18\times16.562)$$
$$=3.821$$
$$Y1_g=(k\Sigma A1_i\times Y1_i+18\times\Sigma A2_i\times Y2_i)/(k\Sigma A1_i+18\times\Sigma A2_i)$$
$$=(11\times33.124\times3.275+18\times16.562\times3.275)/(11\times33.124+18\times16.562)$$
$$=3.275$$

・剛心の計算
$$X1_s=\Sigma L_y\times X_i/\Sigma L_y=(1\times0.91\times2\times2+8.28\times0.91\times4\times2)/(0.91\times2\times2+0.91\times4\times2)$$
$$=5.853$$
$$Y1_s=\Sigma L_x\times Y_i/\Sigma L_x=(1\times0.91\times3\times2+5.55\times0.91\times3\times2)/(0.91\times3\times2+0.91\times3\times2)$$
$$=3.275$$

・偏心距離
$$e_x=|Y1_s-Y1_g|=|3.275-3.275|=0.000\text{m}$$
$$e_y=|X1_s-X1_g|=|5.853-3.821|=2.032\text{m}$$

・弾力半径
$$\Sigma L_x=0.91\times3\times2+0.91\times3\times2=10.920$$
$$\Sigma L_y=0.91\times2\times2+0.91\times4\times2=10.920$$
$$\Sigma L_x\ (Y1_i-Y1_s)^2=0.91\times3\times2\times(1-3.275)^2+0.91\times3\times2\times(5.550-3.275)^2=56.518$$
$$\Sigma L_y\ (X1_i-X1_s)^2=0.91\times2\times2\times(1-5.853)^2+0.91\times4\times2\times(8.280-5.853)^2=128.609$$
$$r_{ex}=[\{\Sigma L_x\ (Y1_i-Y1_s)^2+\Sigma L_y\ (X1_i-X1_s)^2\}/\Sigma L_y]^{0.5}=[\{56.518+128.609\}/10.920]^{0.5}$$
$$=4.117$$
$$r_{ey}=[\{\Sigma L_y\ (X1_i-X1_s)^2+\Sigma L_x\ (Y1_i-Y1_s)^2\}/\Sigma L_x]^{0.5}=[\{56.518+128.609\}/10.920]^{0.5}$$
$$=4.117$$

・偏心率
$$R_{ex}=e_y/r_{ex}=2.032/4.117=\boxed{0.494}$$
$$R_{ex}=e_x/r_{ey}=0.000/4.117=\ \ 0.000$$

表2-6　偏心率の算定

表2-7 excelによる偏心率算定表の作成例

4 地盤調査報告書を設計者自身でも評価しているか

❶地盤調査会社の見解だけに頼るのではなく、設計者自身が見解をもつことが必要である

　地盤調査報告書には、調査会社の考察（53ページ図2－9、56ページ図2－12、59ページ図2－15参照）が記載されています。多くの場合、それに従って基礎形式を決定していると思いますが、信頼のおける調査会社によってしっかりとした調査が行われていることがわかっているケースであれば問題はないと思います。

　ただ、そうであったとしても、設計者自身でも地盤調査報告書を評価した上で基礎形式を決定していただきたいと筆者は考えています。スウェーデン式サウンディング試験（以下「SS試験」）を実施して、その考察に書かれた基礎形式を選択したにもかかわらず不同沈下が生じたために、調査会社を訴えたところSS試験を依頼した施工会社側が敗訴した、という事例（表2－8参照）がありました。このような問題に対して、設計者は部外者ではあり得ないと考えているからです。

　ここでは、住宅工事の地盤調査として最も多く採用されているSS試験をおもに取り上げています。報告書に書かれている情報を適切に評価することは簡単ではありませんが、欠陥工事を防止するためには避けて通れません。

「事件で明らかになった点」の①には、裁判所がSS試験を「いささか問題がある簡便な方法」と評価したことが書かれています。

確かに標準貫入試験などと比べれば「簡便な方法」といえると思いますが、手順を守って試験を行えば、ある程度の確かさで地盤の状態を把握できるコストパフォーマンスの高い方法ということもできる、と筆者は考えています。

右の事件から「SS試験には信頼がおけないから使わない」とは考えずに、「きちんと行われたSS試験には一定の信頼を寄せてもよい」と考えていただければと思います。

また「事件で明らかになった点」の②には、「調査会社自体が宅地の不同沈下の可能性を判断し、責任をもつと誤解されている」とも書かれています。

「責任をもつ」とまでは考えていない方々が多いと思いますが、「SS試験を行えば調査会社が宅地の不同沈下の可能性を判断してくれる」と考えている方々がいることは事実であり、残念なことにそれは少数派ではないように思えます。

これらの記述から、設計者自身による判断の必要性を感じ取っていただければと思います。

事件の経緯		住宅会社A社が分譲を目的に購入した42戸分の土地のほぼ中央で、住宅建築中に地盤の不同沈下が発生した。沈下が発生したのは42戸中8戸。この土地はもともと、造成前は約50cmの高低差でゆるやかにくぼんでいた。造成はくぼみに盛土をして水平にして宅地にした。 A社は土地購入時と造成完了時の2度にわたって地盤調査を行っていたが、調査結果はいずれも「通常基礎で建築が可能」と記されていた。 A社は8戸にジャッキアップ工法による補修を行って引き渡したが、補修費用と調査費用などで約4,800万円のコストアップとなった。A社は、このコストアップ分は地盤調査会社の責任だとして、地盤調査会社に損害賠償を請求。 交渉がまとまらなかったため地方裁判所に提訴した。	
裁判の争点		原告（A社）側の主張	被告（地盤調査会社）側の主張
	SS試験による調査方法の限界についての説明義務	被告側に説明義務があったところ、これを怠った。	SS試験によって測定できるのは「地盤支持力」のみ。そもそも限界があることは、両者の協議の席で説明済みであり、建築の専門家である原告もそのことは知っているはず。
	報告書の記載内容	「地盤支持力には問題がない」とする記述を信じて工事をしたところ沈下したので、報告書の記述に誤りがある。	「地盤支持力」と「沈下特性」は別。SS試験で測定可能な、地盤支持力に基づいて示したデータに誤りはない。データを読み、判断するのは原告の設計責任の範囲。
事件の結果		約3年に及ぶ審理で上記の主張を争ったが、判決は原告であるA社の請求を棄却する形となった。A社は控訴を断念、確定判決となった。	
事件で明らかになった点		①A社の地盤調査に用いられたSS試験は、国内における宅地向け地盤調査ではトップシェアをもつ試験方法だが、判決文は「地盤支持力を調べるについてもその精度にはいささか問題がある簡便な方法」と評価した。 ②一般的に、地盤調査会社にSS試験を依頼すれば、「調査会社自体が宅地の不同沈下の可能性を判断し、責任をもつ」と誤解されている。	

表2－8　不同沈下の責任を巡るトラブル[13]

❷ 調査方法や数値の扱いによって評価が大きく異なる場合がある

　SS試験は調査の方法や，調査によって得られた数値の扱い方によって地盤への評価が大きく異なってきます。具体例を一つあげれば，自沈層（回転力を加えなくともスクリューポイントが貫入する地層のことをいいます）に対する評価の問題があります。以下にSS試験報告書の事例を3つ紹介しますので，評価に大きな違いが生じる可能性があることを読み取って下さい。

　まず図2-8のSS試験報告書ですが，N_{sw}の欄（□部分）を見ると，貫入深さ0.25m部分を除いて回転数が0の地層はなく，この地盤には自沈層は存在しないということがわかると思います。

> SS試験は，自沈と回転の2つの要素によって地盤の支持力を推定する試験（推定をするのはあくまでも支持力であり地耐力ではありません）です。
>
> 具体的にいえば，スクリューポイントを地盤面にセットした後に徐々に載荷荷重を増やし，1kNまで載荷した段階で自沈しなければ，回転力を加えて地盤にスクリューポイントを貫入させ深さ25cmごとに半回転数を確認し，その数値から支持力を推定します。
>
> 自沈層にぶつかった場合は当然ですが，回転数を0と記載します。ただし，その場合に必ずしもロッドが回転しないで沈むというわけではありません。
>
> スクリューポイントがらせん形状をしているためだと思いますが，回転しながら沈むことがあります。
>
> つまり，このことから気が付くと思いますが，載荷荷重に回転力を加えて貫入させる場合にのみ半回転数をカウントし，回転力を加えないでも貫入（自沈）する場合に生じる回転はカウントしてはなりません。
>
> SS試験は，検査者の判断によって，その結果が微妙に変わり得る試験といわれることがありますが，これはその理由の一つといえます。

スウェーデン式サウンディング試験

調査名	○○○○邸新築工事		側点番号	
調査地点	○○県○○町○○丁目○○番○○号		年月日	平成○年○月○日
標高		最終貫入深さ　5.95m	試験者	○○○○
水位		天候　晴	試験方法	手動

荷重 W_{sw} kN	半回転数	貫入深さ D m	貫入量 L cm	1m当たりの半回転数 N_{sw}	記事（音・感触／貫入状況）	土質	荷重 W_{sw} N 250 500 750	貫入量1m当たりの半回転数 N_{sw} 50 100 200	換算N値 N	換算 q_a kN/m²
0	0.0	0.25	25	0	掘削					
1.00	5.0	0.50	25	20					4.0	50.0
1.00	6.0	0.75	25	24					4.2	52.5
1.00	6.0	1.00	25	24					4.2	52.5
1.00	3.0	1.25	25	12					3.6	45.0
1.00	4.0	1.50	25	16					3.8	47.5
1.00	5.0	1.75	25	20					4.0	50.0
1.00	4.0	2.00	25	16					3.8	47.5
1.00	3.0	2.25	25	12					3.6	45.0
1.00	3.0	2.50	25	12					3.6	45.0
1.00	5.0	2.75	25	20					4.0	50.0
1.00	4.0	3.00	25	16					3.8	47.5
1.00	4.0	3.25	25	16					3.8	47.5
1.00	2.0	3.50	25	8					3.4	42.5
1.00	3.0	3.75	25	12					3.6	45.0
1.00	3.0	4.00	25	12					3.6	45.0
1.00	3.0	4.25	25	12					3.6	45.0
1.00	3.0	4.50	25	12					3.6	45.0
1.00	8.0	4.75	25	32					4.6	57.5
1.00	6.0	5.00	25	24					4.2	52.5
1.00	6.0	5.25	25	24					4.2	52.5
1.00	5.0	5.50	25	20					4.0	50.0
1.00	4.0	5.75	25	16					3.8	47.5
1.00	100.0	5.95	20	500	ジャリジャリ　強打撃貫入				35.5	284.0

■：粘性土　　：砂質土　　：礫質土　■：ローム　■：粘性盛土

図2-8　SS試験報告書の事例(1)

図2-9は，前ページの図2-8のSS試験報告書(1)の「調査結果の考察」です。

通常「考察」には，①地形の分類，②造成の分類，③地質の分類，④推奨する基礎形式，⑤水位などが記載されています。

①，②，③は地質図や土地条件図で確認できますので設計者としては業務のエリアとしている地域の図は手元に常備して，いつでも確認できるようにしておいていただきたいと思います。

なお，この報告書では，④の記述のなかの「根切り底の十分な転圧」の内容が不明です。このような場合は，使用機器や転圧回数などを具体的に示すよう調査会社に求めていただきたいと思います。

また，この報告書には，⑤の水位が記載されていません。土質によっては水位が変わると支持力も変わる場合があるようですので，水位の測定を求めていただきたいと思います。

調査結果の考察

○○邸は○○県○○市にあり，付近一帯の地形は武蔵野台地に位置している。
　　　　　　　　　　　　　　　　　　　　　　　　　　　　　　　　　①

調査は配置予定内で5カ所行い，データを別紙にまとめた。

データより，表層−0.25mは盛土，その下部はローム・砂礫層の堆積する地盤と言える。
　　　　　　　　　②　　　　　　　　　　　　　③

地盤の強度については，現GLを設計GLと仮定すると特に問題はないと言える。

調査データを基に基礎の検討を行うと，現GLを基準に根切り底の転圧を十分に施すことを条件に，べた基礎の採用が良いと思われる。
　　　　　　　　　　　　④

採用すべき基礎(●印部分)	基礎工法
	50 kN/m²基礎
	30 kN/m²基礎
●	べた基礎
	鋼管杭
	表層地盤改良
	深層地盤改良（柱状改良）
	その他（　　　　　　　　）

図2-9　SS試験報告書(1)の「調査結果の考察」

❸ 自沈層にぶつかった場合に，どのような検査方法をとっているかで試験結果への信頼性が大きく変わる

図2-10のSS試験報告書には，N_{sw}の欄が0になっている地層（□部分）がありますが，この部分のW_{sw}が0.75kNになっていること（■部分）に着目して下さい。

SS試験では，回転力を加えなくとも自沈する地層（N_{sw}の欄が0になっている地層）にぶつかった場合には，深さが25cm貫入した時点で，自沈をいったん止めて載荷荷重を取り外し，改めて徐々に荷重を増やして次の25cmを貫入させる，という手順を踏まなくてはなりません。

こうした面倒な手順を踏むのは，自沈が生じた場合に1kNという荷重を変えずにそのまま試験を続行してしまうと，0.75kNや0.5kNで自沈する可能性を見落としてしまうからです。

半回転数の数値と深さの関係を読み取る際には，若干の注意が必要です。

例えば，右の試験では，深さが1.25mの欄に半回転数が0と記載されていますが，これは深さが1.00m～1.25mの間の地層に対するものということになります。

また，深さが1.00mの欄の地層（0.75m～1.00m）には，回転力を加えないと貫入しなかった地層と，自沈した地層の2つの地層が存在している可能性があります。

自沈層にぶつかった際には，直ちに停止するのではなく，25cmきざみで停止させますので，1.00mより浅い位置から自沈層が存在している可能性もあるからです。

深さ1.00mの欄には，「ジャリジャリ」という感触が記載されていないことも判断材料にする必要があります。

スウェーデン式サウンディング試験

調査名	○○○○邸新築工事		側点番号	
調査地点	○○県○○町○○丁目○番○○号		年月日	平成○年○月○日
標高	KBM -0.26m	最終貫入深さ 3.34m	試験者	
水位	m	天候 晴	試験方法	機械

荷重 W_{sw} kN	半回転数	貫入深さ Dm	貫入量 Lcm	1m当たりの半回転数 N_{sw}	記事（音・感触／貫入状況）	土質	荷重 W_{sw} N 250 500 750	貫入量1m当たりの半回転数 N_{sw} 50 100 200	換算N値 N	換算 qa kN/m²
1.00	14	0.25	25	58	ジャリジャリ				5.8	63.6
1.00	26	0.50	25	104	ジャリジャリ				9.0	92.4
1.00	21	0.75	25	84	ジャリジャリ				7.6	80.4
1.00	2	1.00	25	8					2.5	34.8
0.75	0	1.25	25	0	ユックリ				1.5	16.9
0.75	0	1.50	25	0	ユックリ				1.5	16.9
0.75	0	1.75	25	0	ユックリ				1.5	16.9
1.00	12	2.00	25	48					5.2	58.8
1.00	4	2.25	25	16					3.1	39.6
1.00	8	2.50	25	32	ジャリジャリ				4.1	49.2
1.00	11	2.75	25	44					4.9	56.4
1.00	1	3.00	25	4					2.3	32.4
1.00	3	3.25	25	12					2.8	37.2
1.00	117	3.34	9	1300	打撃30回				30<	120.0

■：粘性土　　：砂質土　　：礫質土　　■：ローム　　■：粘性盛土

図2-10 SS試験報告書の事例(2)

❹ 設計者自身による評価なしに，SS試験報告書の記載をそのまま受け取ることは危険である

図2-11のSS試験報告書の長期許容支持力（以下「qa」）は，最低値で39.8 kN/m²（□印部分）となっています。この数値だけを見れば，2階建程度の木造住宅の地盤としては問題のない支持力をもっているといえますが，調査方法を確認せずにこの数値をそのまま受け取ることは危険です。

なぜなら，この地盤には自沈層（（□印部分））があり，その部分のW$_{sw}$が1.0 kN（■印部分）になっています。この試験が自沈時の手順をきちんと守っていない場合は，記載されたq_aを期待することができないからです。

経験豊かな検査員による手動試験を自動式は超えることができない，という意見をお持ちの識者の方もおられます。ただ，その一方で手順を守らない手動試験をする検査員もいるようです。

前述したように，自沈層にぶつかったときには，深さ25cmごとに荷重を一度取り去って，再度荷重を載せて検査をしなければなりませんが，これを人力で行うことはかなりな重労働であり，この仕事に長年関わっている人には，歯や腰を傷めている人が多いと聞きます。

一方，自動SS試験機は，自沈状態を検出すると載荷荷重を自動で切り替えてくれますので，手動に比べて作業員の資質による差が出にくいといえます。

ただ，自動SS試験機にはJIS規格がなく，自沈モードへの切り替え条件は，機器メーカーが独自に設定していることや，自沈モードでの荷重の除去の際に，モーターなどの荷重が除去できない機種がある，などの問題点も指摘されています。

検査費用を建築主が負担するケースがほとんどだと思いますので，設計者は試験方法についても意見を述べるべきだと考えます。

61ページに記載した調査会社との打合せ事項を確認するなかで，信頼性を判断していただきたいと思います。

スウェーデン式サウンディング試験											
調査名	○○○○邸新築工事						側点番号				
調査地点	○○県○○町○○丁目○○番○○号						年月日	平成○年○月○日			
標高	KBMm		最終貫入深さ		6.61m		試験者				
水位	GL-2.00m		天候	晴			試験方法	手動			

荷重 Wsw kN	半回転数	貫入深さ D m	貫入量 L cm	1m当たりの半回転数 Nsw	記事 音・感触	記事 貫入状況	土質	荷重 Wsw N 250 500 750	貫入量1m当たりの半回転数 Nsw 50 100 200	換算N値 N	換算qa kN/m²
1.00	3.0	0.25	25	12						3.6	47.8
1.00	14.0	0.50	25	56						5.8	77.0
1.00	16.0	0.75	25	64						6.2	82.3
1.00	1.0	1.00	25	4						3.2	42.5
1.00	2.0	1.25	25	8						3.4	45.1
1.00	0.0	1.50	25	0	ユックリ					3.0	39.8
1.00	0.0	1.75	25	0	ユックリ					3.0	39.8
1.00	0.0	2.00	25	0	ユックリ				▽-2.00m	3.0	39.8
1.00	3.0	2.25	25	12						3.6	47.8
1.00	0.0	2.50	25	0	ユックリ					3.0	39.8
1.00	0.0	2.75	25	0	ユックリ					3.0	39.8
1.00	1.0	3.00	25	4						3.2	42.5
1.00	1.0	3.25	25	4						3.2	42.5
1.00	0.0	3.50	25	0	ユックリ					3.0	39.8
1.00	0.0	3.75	25	0	ユックリ					3.0	39.8
1.00	0.0	4.00	25	0	ユックリ					3.0	39.8
1.00	0.0	4.25	25	0	ユックリ					3.0	39.8
1.00	0.0	4.50	25	0	ユックリ					3.0	39.8
1.00	1.0	4.75	25	4						3.2	42.5
1.00	1.0	5.00	25	4						3.2	42.5
1.00	3.0	5.25	25	12						3.6	47.8
1.00	3.0	5.50	25	12						3.6	47.8
1.00	4.0	5.75	25	16						3.8	50.4
1.00	6.0	6.00	25	24						4.2	55.8
1.00	13.0	6.25	25	52						5.6	74.3
1.00	31.0	6.50	25	124						9.2	122.1
1.00	60.0	6.61	11	545						30.3	401.9

■：粘性土　　：砂質土　　：礫質土　　■：ローム　　■：粘性盛土

図2-11 SS試験報告書の事例(3)

図2-12と次ページ図2-13は，前ページのSS試験報告書（3）の，「調査結果の考察」と「基礎工法の選定」です。

右図の「調査結果の考察」の青線部分（筆者が加筆）には，沈下の検討が必要なことが明記されており，この見解には筆者も同感です。

ただ，次ページの「基礎工法選定」には，「50kN基礎」という手書きの書き込み（□部分，筆者が加筆）がありますが，どのような理由によってこの基礎形式を選定したのかを確認する必要があります。

通常，「50kN基礎」とは地盤の地耐力として50kN以上を必要としている基礎を指しますが，このSS試験結果を見れば，「50kN基礎」の選択は不適当だと感じられるからです。

間違いをただすということではなく，疑問に感じた点を調査会社と意見交換をすることによって解消し，施工品質の確保をはかる，という意識をもって取り組んでいただきたいと思います。

調査結果の考察

調査地は，○○低地の一般面に位置するものと思われます。

現況は，道路面より10cm程高い更地です。

サウンディング結果より，各層の構成は下記によるものと推定されます。

　① GL－2.25m付近まで，盛土と思われる中位の粘性土層

　② GL－6.50m付近まで，中位の粘性土層

　③ 最終貫入深度まで，非常に硬い粘性土層

◎水位は概ねGL－2.00mで測定されました。

◎測点番号○○でのハンドオーガー調査では，GL－2.20mまで，盛土と思われる褐色の粘性土（黒土混合），以下黒色の粘性土となります。（貫入深度GL－2.50m）

◎地形条件について，サンプリング結果から，低地部の盛土地盤と推定しましたが，台地部（低位段丘）との境界付近の立地であり，盛土層厚を含め，従前の使用形態・造成経緯などによる検証が望まれます。

調査の結果，表層以下に比較的良好なN値構成が認められますが，沖積面に於ける厚い盛土地盤の可能性が高く，直接基礎の採用にあたっては，上記造成情報や周辺での基礎実績等による沈下検討を併せての，慎重かつ総体的検討が必要と思われます。

図2-12 SS試験報告書(3)の「調査結果の考察」

本書では，長期許容支持力をq_aと表記しており，単位はkN/m²です。

一方，平成13年国土交通省告示第1113号では，許容応力度をqaと表記しており，単位は支持力と同じkN/m²です。

この告示には，SS試験だけでなく標準貫入試験なども規定されており，地耐力の単位もkN/m²であることから，SS試験で得られるqaを地耐力と考えてしまう方もおられるようです。

許容地耐力とは，許容沈下量に収まる力と許容支持力のうちのいずれか小さいほうをいいます。

SS試験で得られるデータは，このうちの後者の許容支持力だけであり，沈下量は評価できないことを念頭においていただきたいと思います。

スウェーデン式サウンディング試験					
調査名	○○○○邸新築工事			側点番号	
調査地点	○○県○○町○○丁目○○番○○号			年月日	平成○年○月○日
標高	KBMm	最終貫入深さ	6.61m	試験者	
水位	GL-2.00m	天候	晴	試験方法	手動

基礎工法の選定		
地形分類	後背湿地	
	自然堤防や砂堆などの背後にある低地や河川の堆積作用があまり及ばない低湿地	
造成分類	切土 ・ **盛土** ， 層厚：2.25m， 経年数年	
基礎工法選定	基礎形式	地盤補強工法
	50kN基礎 ■	

図2-13 SS試験報告書(3)の「基礎工法の選定」

❺換算N値に頼り過ぎた評価をしないように注意する

　図2-14は，SS試験での自沈時の載荷荷重とN値の関係を整理したものです。同じ載荷荷重での自沈であっても，N値にばらつきがあることがわかると思います。データ数が限られており地質も不明ですが，1kNで自沈したケースでN値が2以下のケースが40％を超えている点（□部分，筆者が加筆）には着目すべきであり，0.75kN以下での自沈はもちろんのこと，1kNで自沈したケースであっても，その評価には十分な注意が必要なことがわかると思います。

　SS試験報告書の事例を3つ紹介してきましたが，いずれの試験報告書にも換算N値が記載されています。しかしながら，換算N値は経験則によって算出される数値（下記枠内記事参照）であることを考えれば，誤差が大きいと考えておいたほうがよいといえます。標準貫入試験によるN値と換算N値が大きく異なったケースもあるようですので，換算N値は参考値程度に考えることをお勧めします。

換算N値の算定式としては以下の稲田式が使われることが多いようです。

- ●砂質土：
  換算N値＝
  $2W_{sw}+0.067N_{sw}$

- ●粘性土：
  換算N値＝
  $3W_{sw}+0.05N_{sw}$

ここに，
N_{sw}：SS試験の1m当たりの半回転数
W_{sw}：kN

この式を使うと，例えば粘性土では，N_{sw}が0（つまり自沈の場合）で，W_{sw}が1kNの場合の換算N値は3になります。

ところが，図2-14に示したように，N値が3以下のケースが少なくありません。

自沈層がある地盤に対しては，換算N値だけに頼った評価は危険だと考えていただきたいと思います。

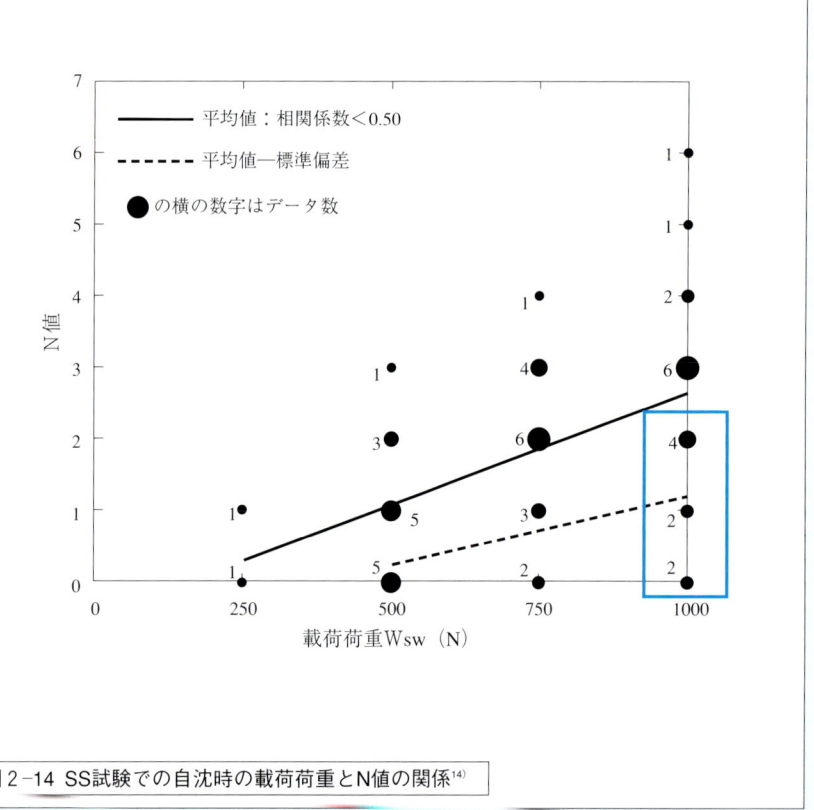

図2-14 SS試験での自沈時の載荷荷重とN値の関係[14]

❻ SS試験以外の調査方法を活用することも，より正確な判断を可能にする

図2-14，同2-15は，表面波探査法による地盤調査報告書の一例です。この調査方法は，平成13年国土交通省告示第1113号に規定されている物理探査の一種であり，SS試験に代わる調査方法として活用しているケースも増えているようです。

ただ，調査会社のなかには土質を間違えるなどの初歩的なミスを犯すところもあります。当然のことですが，土質が異なれば地盤の評価も大きく異なってきます。確かな技術をもっている調査会社であるかどうかの確認が必要ですが，この調査方法は土中の異物や地層の変化などを確認することができますので，こうした特性を生かしてSS試験の補完データとして活用することも一つの方法です。

> 平成13年国土交通省告示第1113号には，以下のように規定されています。
>
> > 基礎の底部から下方2m以内の距離にある地盤にスウェーデン式サウンディングの荷重が1kN以下で自沈する層が存在する場合若しくは基礎の底部から下方2mを超え5m以内の距離にある地盤にスウェーデン式サウンディングの荷重が500N以下で自沈する層が存在する場合にあっては，建築物の自重による沈下その他の地盤の変形等を考慮して建築物又は建築物の部分に有害な損傷，変形及び沈下が生じないことを確かめなければならない。
>
> 図2-10や図2-11の地盤は，上記に該当しますので，「有害な損傷，変形及び沈下が生じないこと」を確かめなければならないことになります。
>
> ただ，SS試験で自沈層が認められた場合の沈下の検討方法は，専門家からいくつか提案が行われていますが，地盤のヤング率やポアソン比，自然含水率比などを正しく設定した上で計算を行わなければならず，経験の浅い者による計算結果には信頼性が置けないといわなくてはなりません。
>
> 一方，表面波探査法では，次ページの表2-10のように，調査データから即時沈下と圧密沈下を計算し，予想沈下量を算出することができます。SS試験の補完データとして活用できる現実的な方法の一つだと思います。

調査結果の考察

●基礎の提案

第一候補	床付け面転圧＋べた基礎
第二候補	

●予想沈下量

最大	3.7 cm	予想沈下量の差が5/1,000以上の場合は，
最小	1.4 cm	不同沈下対策が必要です。

●基礎の考察

造成後に相当の長期にわたる期間が経過しており，地盤は落ち着いていると思われます。表層付近に建物荷重を支え得る地耐力が不足している地盤が見られますので，根切りを行った後に床付け面を十分に転圧（振動ローラー又はランマーにて散水しながら8走行以上）を行い，表層部の地耐力を均一にするなどの支持力を高めることをご検討下さい。
基礎形状としては，べた基礎にて立ち上がり部分の外周部を連続させ，床下換気孔を設けずに基礎パッキンを使用することをお勧めします。
また，基礎の剛性を高めるために，内部の立ち上がりは曲げモーメントが最大となる中央での切断を避け，1辺の2/3以上連続させて施工を行うことをお勧めします。

●注意事項

近隣で掘削工事や盛土工事がある場合は，その工事発注者または工事施工業者に対して家屋調査（建物の内観，外観，敷地状況等を写真で記録する）を依頼して下さい。地盤に関するトラブル防止のため，必ず実行して下さい。ご不明な点は当社にお問い合わせ下さい。

図2-15 表面波探査法による地盤調査報告書の「調査結果の考察」

表2-10は図2-15の調査の地盤の沈下計算をしたものです。

許容沈下量の判断は，以下の数値が参考になります。

		標準値	最大値
布基礎	即時沈下	1.5 cm	2.5 cm
	圧密沈下	2.5 cm	5.0 cm
べた基礎		2.5 cm ～ (5.0 cm)	5.0 cm ～ (10.0 cm)

注1：（ ）内は剛性の高いべた基礎の値
 2：全体の傾斜は，標準値で1.5/1,000，最大で3/1,000以下

表2-9 木造住宅の許容沈下量[15]

● 即時沈下の検討

		No.1	No.2	No.3	No.4
即時1層	沈下係数・Is	1.42	1.42	2.13	2.13
	土の単位体積重量・γt1 (kN/m3)	14.61	14.26	14.33	14.33
	剛性率・G1 (kN/m2)	4.928	3.344	3.626	3.626
	地盤の弾性係数・E1 (kN/m3)	14.587	9.898	10.733	10.733
	即時沈下量・S1 (cm)	1.0	1.4	1.9	1.9
即時2層	沈下係数・Is	0.71	0.71	1.42	1.42
	土の単位体積重量・γt1 (kN/m3)	14.83	15.05	14.96	14.96
	剛性率・G1 (kN/m2)	9.428	11.125	10.437	10.437
	地盤の弾性係数・E1 (kN/m3)	27.907	32.930	30.894	30.894
	即時沈下量・S1 (cm)	0.2	0.2	0.5	0.4
即時3層	沈下係数・Is	0.71	0.71	1.42	1.42
	土の単位体積重量・γt1 (kN/m3)	15.32	15.41	15.17	15.17
	剛性率・G1 (kN/m2)	15.433	16.301	14.095	14.095
	地盤の弾性係数・E1 (kN/m3)	45.682	48.251	41.721	41.721
	即時沈下量・S1 (cm)	0.2	0.1	0.3	0.4
即時4層	沈下係数・Is	0.71	0.71	1.42	1.42
	土の単位体積重量・γt1 (kN/m3)	15.81	16.07	15.61	15.81
	剛性率・G1 (kN/m2)	26.707	30.289	24.172	24.172
	地盤の弾性係数・E1 (kN/m3)	79.053	89.655	71.549	71.549
	即時沈下量・S1 (cm)	0.1	0.1	0.2	0.2

● 圧密沈下の検討

		No.1	No.2	No.3	No.4
圧密1層	一軸圧縮応力度・qu (kN/m2)	11.616	7.705	8.398	8.232
	圧密降伏応力・Py (kN/m2)	26.726	18.711	20.163	19.817
	土の粘着力・C1 (kN/m2)	5.808	3.853	4.199	4.116
	体積圧縮係数・mv1 (kN/m2)	0.002	0.003	0.003	0.003
	建設前の有効地中応力・σz1 (kN/m2)	6.83	5.39	7.27	5.70
	基礎底から求める位置の深さ・h1' (m)	0.168	0.078	0.207	0.098
	地中増加応力・Δσz1 (kN/m2)	19.17	19.60	18.98	19.51
	建設後の有効地中応力・σzz1 (kN/m2)	26.00	25.00	26.25	25.20
	圧密沈下量・Sc1 (cm)	0.0	0.3	0.8	0.3
圧密2層	一軸圧縮応力度・qu (kN/m2)	23.755	28.151	26.370	27.527
	圧密降伏応力・Py (kN/m2)	49.752	57.660	54.477	56.548
	土の粘着力・C1 (kN/m2)	11.877	14.076	13.185	13.763
	体積圧縮係数・mv1 (kN/m2)	0.001	0.001	0.001	0.001
	建設前の有効地中応力・σz1 (kN/m2)	15.76	15.92	16.03	13.54
	基礎底から求める位置の深さ・h1' (m)	0.772	0.782	0.802	0.623
	地中増加応力・Δσz1 (kN/m2)	16.56	16.52	16.45	17.15
	建設後の有効地中応力・σzz1 (kN/m2)	32.32	32.45	32.48	30.69
	圧密沈下量・Sc1 (cm)	0.0	0.0	0.0	0.0
圧密3層	一軸圧縮応力度・qu (kN/m2)	39.945	42.212	36.446	30.955
	圧密降伏応力・Py (kN/m2)	78.141	81.978	72.160	62.618
	土の粘着力・C1 (kN/m2)	19.973	21.106	18.223	15.478
	体積圧縮係数・mv1 (kN/m2)	0.001	0.001	0.001	0.001
	建設前の有効地中応力・σz1 (kN/m2)	27.40	33.44	28.60	25.56
	基礎底から求める位置の深さ・h1' (m)	1.546	1.933	1.636	1.427
	地中増加応力・Δσz1 (kN/m2)	13.94	12.86	13.68	14.30
	建設後の有効地中応力・σzz1 (kN/m2)	41.34	46.30	42.28	39.86
	圧密沈下量・Sc1 (cm)	0.0	0.0	0.0	0.0
圧密4層	一軸圧縮応力度・qu (kN/m2)	71.573	80.977	64.876	63.487
	圧密降伏応力・Py (kN/m2)	129.685	144.363	119.077	116.860
	土の粘着力・C1 (kN/m2)	35.787	40.488	32.438	31.744
	体積圧縮係数・mv1 (kN/m2)	0.000	0.000	0.000	0.000
	建設前の有効地中応力・σz1 (kN/m2)	51.72	58.60	51.50	48.34
	基礎底から求める位置の深さ・h1' (m)	3.095	3.522	3.115	2.906
	地中増加応力・Δσz1 (kN/m2)	10.28	9.53	10.24	10.64
	建設後の有効地中応力・σzz1 (kN/m2)	62.00	68.13	61.74	58.99
	圧密沈下量・Sc1 (cm)	0.0	0.0	0.0	0.0

表2-10 表面波探査法による地盤調査報告書の「沈下計算」

❼SS試験の実施前に調査会社と打合せをしておくことが,欠陥工事の防止につながる

SS試験の費用を負担するのは,たいていの場合は建築主ですが,建築主はSS試験がもつ問題点を知りません。設計者が調査内容に無関心なままに,信頼性に疑問を感じるような報告書が出てきた場合,建築主だけでなく設計者も困るはずです。これは,設計事務所に籍を置く設計者であれ,施工会社に籍を置く設計者であれ同じはずです。SS試験の実施前に,設計者が建築主の代理として調査会社に必要な指示をしてこそ設計者としての役割を果たすことができる,と考えていただきたいと思います。

SS試験の実施前に調査会社と確認しておくことが望ましい内容は,以下の通りです。

1. 手動SS試験機を使用する場合は,自沈の際に25cmごとに載荷荷重をいったん取り去って,その上で徐々に荷重を増やす,という手順を作業員に徹底する。
2. 建物の4隅と中央の5箇所で試験を実施し,部分的に異常に高い数値が出た場合(図2-16の□部分)や,その逆に異常に低い数値が出た場合は,その近くのポイントで改めて試験を行う(スクリューポイントに腐植物がからまったり,礫などにぶつかったりした場合には,実際の支持力を超えた回転数が記録されることがあります。過大な評価を避けるためには欠かせないと考えていただきたいと思います)。
3. 換算N値やq_aの算出式は,調査会社と設計者とであらかじめを同意された式を用いる。
4. 摩耗が3mmを超えたスクリューポイントは使用しない。
5. 特段の事情がない限り,深さ10mまでの調査を行う。
6. 水位を測定する。
7. 自沈層があった場合は,その状況に応じて表面波探査などの調査を実施する。

スウェーデン式サウンディング試験

調査名	○○○○邸新築工事						側点番号				
調査地点	○○県○○町○○丁目○○番○○号						年月日	平成○年○月○日			
標高	KBM -0.020m			最終貫入深さ		6.75m	試験者				
水位	m			天候		晴	試験方法	機械			

荷重 Wsw kN	半回転数	貫入深さ D m	貫入量 L cm	1m当たりの半回転数 Nsw	記事 音・感触	記事 貫入状況	土質	荷重 Wsw N 250 500 750	貫入量1m当たりの半回転数 Nsw 50 100 200	換算N値 N	換算qa kN/m²
1.00	0.0	0.25	25	0	無音	回転緩速				3.0	30.0
1.00	36.0	0.50	25	145	〃	〃				10.2	146.0
0.75	0.0	0.75	25	0		回転緩速				2.3	16.9
0.75	0.0	1.00	25	0		〃				2.3	16.9
0.75	0.0	1.25	25	0		〃				2.3	16.9
1.00	6.0	1.50	25	24						4.2	49.2
1.00	4.0	1.75	25	16						3.8	42.8
1.00	4.0	2.00	25	16						3.8	42.8
1.00	6.0	2.25	25	24						4.2	49.2
1.00	4.0	2.50	25	16						3.8	42.8
1.00	4.0	2.75	25	16						3.8	42.8
1.00	5.0	3.00	25	20						4.0	46.0
1.00	5.0	3.25	25	20						4.0	46.0
1.00	12.0	3.50	25	48						5.4	68.4
1.00	3.0	3.75	25	12						3.6	39.6
1.00	0.0	3.90	15	0		回転緩速				3.0	30.0
0.75	0.0	4.00	10	0		〃				2.3	16.9
0.75	0.0	4.25	25	0		〃				2.3	16.9
0.50	0.0	4.40	15	0		〃				1.5	7.5
0.75	0.0	4.50	10	0		〃				2.3	16.9
1.00	0.0	4.65	15	0						3.0	30.0
1.00	2.0	4.75	10	20						4.0	46.0
1.00	2.0	5.00	25	8						3.4	36.4
1.00	0.0	5.25	25	0		回転緩速				3.0	30.0
1.00	6.0	5.50	25	24						4.2	49.2
1.00	7.0	5.75	25	28						4.4	52.4
1.00	10.0	6.00	25	40						5.0	62.0
1.00	8.0	6.25	25	32						4.6	55.6
1.00	9.0	6.50	25	36						4.8	58.8
1.00	13.0	6.75	25	52						5.6	71.6

■:粘性土　　:砂質土　　:礫質土　　■:ローム　　■:粘性盛土

図2-16　部分的に高い数値が出たSS試験結果の一例

5 不適切な架構になっている部分はないか

❶ 不適切な仕事は，現場作業に入る以前の段階ですでに発生している

写真2-1と同2-2は，いずれも不適切といわなければならない仕事ですが，これは現場で大工さんが間違いを犯したために生じたわけではありません。

手刻みであれば板図（いたず）に従って下小屋で，プレカットであればプレカット施工図に従って工場で，製材はそれぞれ所定の形状に加工されます。つまり，現場作業に入る以前の段階ですでに問題が発生していたといわなくてはなりません。

では，なぜそのような間違いが生じたのでしょうか。そして，なぜ防ぐことができなかったのでしょうか。

継手のない部分に比べ，継手部分は耐力が小さいため火打ち梁を継手部分に設けることは避けなければなりません。

なぜなら，火打ち梁は床の水平剛性を確保するために設けられる部材であり，地震力などを受けた場合には破線の矢印方向への力が働くことになり，継手部分が破壊される危険性があるからです。

公庫仕様書の巻末に，この仕事が「好ましくない継手の例」として掲載されているのはこのためといえます。

写真2-1 継手部分（○印部分）に取り付けられた火打ち梁

筋かいを設けたスパンに，横架材の継手（○印部分）を設けることは避けなければなりません。

筋かいによる耐力壁は柱，横架材，筋かいでつくられる破線で表示した三角形で構成されます。

この三角形の一辺にピン接合部分（継手）があると，三角形が保持できなくなり，期待する耐力を得ることができないからです。

公庫仕様書の巻末に，この仕事が「好ましくない継手の例」として掲載されているのはこのためといえます。

写真2-2 筋かいのあるスパンに設けられた胴差しの継手（○印部分）

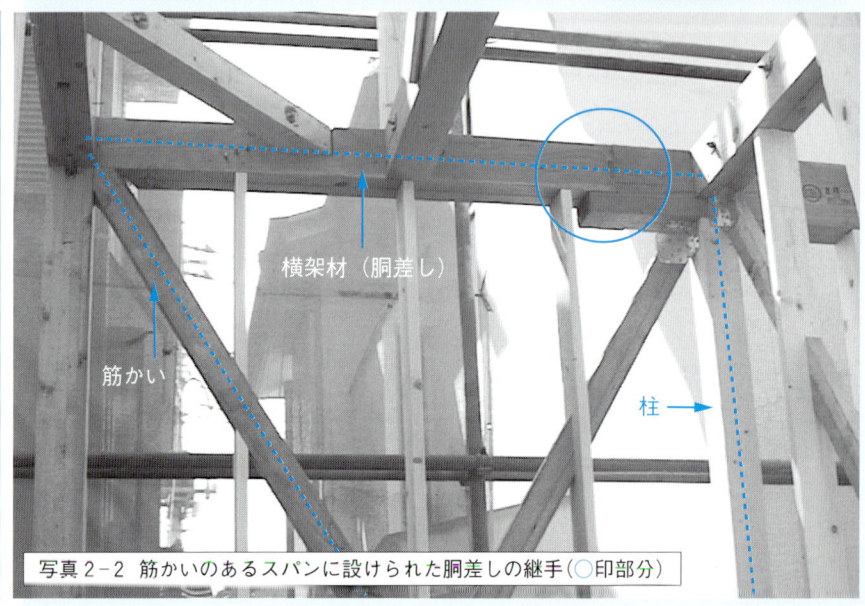

❷**必要な図面を省略したことが欠陥工事を生んでいる**

写真2-1と同2-2は、ともに不適切な仕事ですが、その発生原因は若干異なります。

写真2-1は「手刻み」の仕事です。大工さんは板図を描いて「刻み」を行いますが、通常は、板図には火打ち梁も記載されます（**写真2-3参照**）。つまり、この大工さんはこのような仕事になることがわかっていたはずであり、問題を回避できなかったことは、大工さんの知識不足といってもよいと思います。また、この仕事がプレカットであったとしても、CADオペレーターや施工管理者に知識がなければ、結果は同じことになったはずです。つまり、写真2-1の仕事は「刻み」に関わる人たちに知識がない場合は防げないということになります。

一方、写真2-2も「手刻み」の仕事です。通常は板図だけが描かれ、軸組図が描かれることはありませんが、板図だけであっても、筋かいの位置を頭に入れながら木取りをすればこうした問題を避けることができます。ただ、例えば2階の床梁については、1階と2階のそれぞれの筋かいの位置と照らし合わせながら継手位置の可否を判断しなければならず、これは言葉でいうほど簡単ではありません。プレカットの場合でも、軸組図を描かないケースが大半ですので状況は同じです。つまり、写真2-2の仕事は、「刻み」に関わる人たちに知識があったとしても防ぎ切れないことがある問題、ということになります。

木造住宅で描かれる設計図は、平面図や立面図などだけで、床伏図や軸組図などが描かれるケースは少数派といってよいと思います。こうした現実を考えると、写真2-1や同2-2のような不適切な仕事は、「施工者に一定レベル以上の専門知識がある」という前提に甘え過ぎて、設計者が図面を省略していることも原因の一つだといわなくてはならない、と筆者は考えています。

たいていの場合、板図（手板図ともいいます）の作図は大工さんに一任され、施工管理者や設計者が口を差し挟むことはありません。

一方、CAD図は施工管理者のチェックが入る場合が通常ですので、「手刻み」より問題が生じにくい体制になっているといえます。ただ、CADオペレーターの中には、CAD図の作成には手なれていても、架構の適否を判断できる教育を受けていない方もおられるようです。

「手刻み」であれ「プレカット」であれ、問題が発生した場合には、その体制を変えなければ再発を防ぎ切れません。

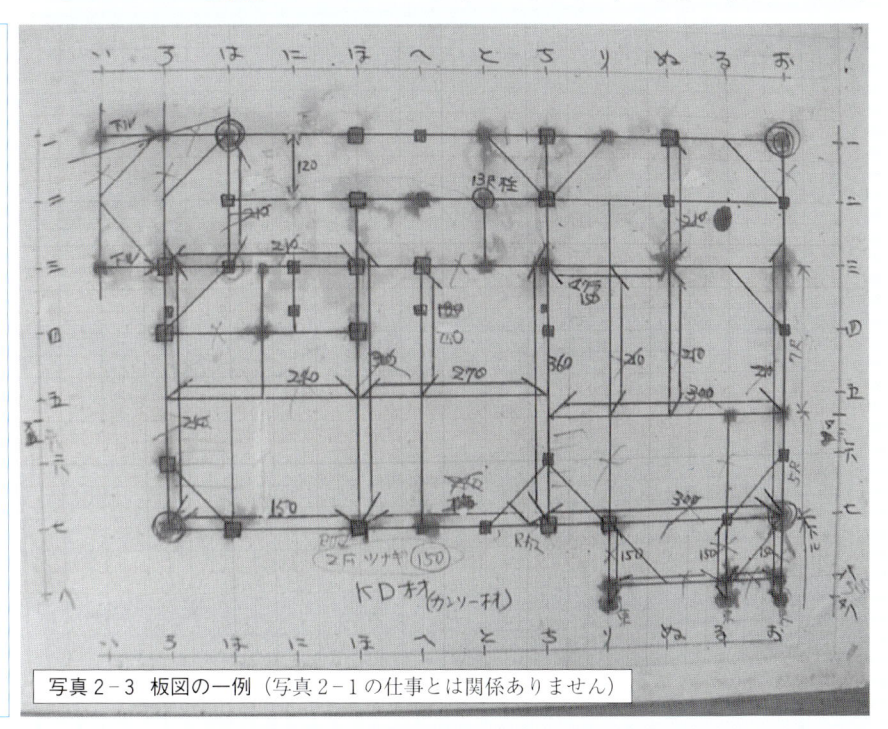

写真2-3　板図の一例（写真2-1の仕事とは関係ありません）

❸規定の有無にかかわりなく、施工品質を守るために必要な図面は省略しない

写真2-4には、約400mmの長さの材（○印部分）が使われています。公庫仕様書では、やむを得ず短材を使用する場合は、その長さを土台では1m内外、その他の材では2m内外と規定しています。

一方、建築基準法では短材の使用を禁止していません。しかしながら、継手の数が多い架構は少ない架構に比べると、耐震性は劣るといわなくてはなりません。設計図としての床伏図や軸組図があれば、大工さんやCADオペレーターはそれに基づいた施工図を作成してくれますので、このような仕事の発生を防ぐことができます。

建物の長さが4間半の場合に、4m物の製材を使用すると、図2-17のように300〜400mm前後の短材が生じます。5m物は、4m物と比べてm³単価が高いため、予算の厳しい仕事でなくとも、4m物で済まそうとする傾向があり、それが写真2-4のような仕事を生む背景になっているといえます。

公庫仕様書の規定の適用を受ける仕事はもちろん、そうでない仕事であっても、こうした仕事が問題であることは同じです。

公庫仕様書の適用の有無に関係なく、施工品質を守るために必要な図面は省略しないでいただきたいと思います。

写真2-4 短材（○印部分）を使用した架構

図2-17 建物の長さが4間半の場合に生じる短材（○印部分）

❹ 形だけの床伏図や軸組図であれば、描かないほうがよい

　設計図としての床伏図や軸組図があれば、施工図が描かれますので、不適切な仕事を避けることができるようになるはずです。

　ただ、それは床伏図や軸組図に必要な情報がきちんと描かれている場合に限ります。下図は設計図として描かれた床伏図（図2-18）と軸組図（図2-19）の一例です。この床伏図には継手が描かれていませんので、火打ち梁との取り合いが不明です。また、軸組図には不適切な位置に描かれている継手（○印部分）があることもわかると思います。

　せっかく架構図を描いたものの、問題を解決することを忘れているといわなくてはなりませんが、このような図面が発行されると施工品質を損なう場合さえあり得ます。

> ここに掲載した事例では、軸組図を4つの通り心について作図していました。
>
> RC造建築物と異なり木造建築物は通り心が多く、特にこの事例のように「間崩れ」の建物はさらに多くなります。
>
> ごく普通の木造建物でも、4つの通り心の軸組図だけでは写真2-1、同2-2のような問題を防ぐことができません。すべての通りを作図することが望ましいのですが、それを実現するには相当な手間がかかります。
>
> 次ページに掲載したN値計算ソフトの出力図を軸組のチェック用として使い、設計図としては継手位置を書き込んだ床伏図だけを作図するということも、施工品質を確保するための有効な方法の一つといえると思います。

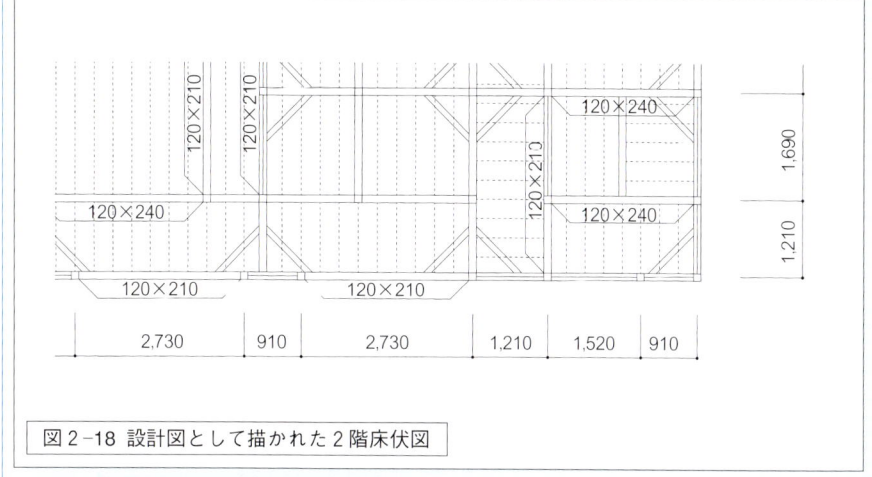

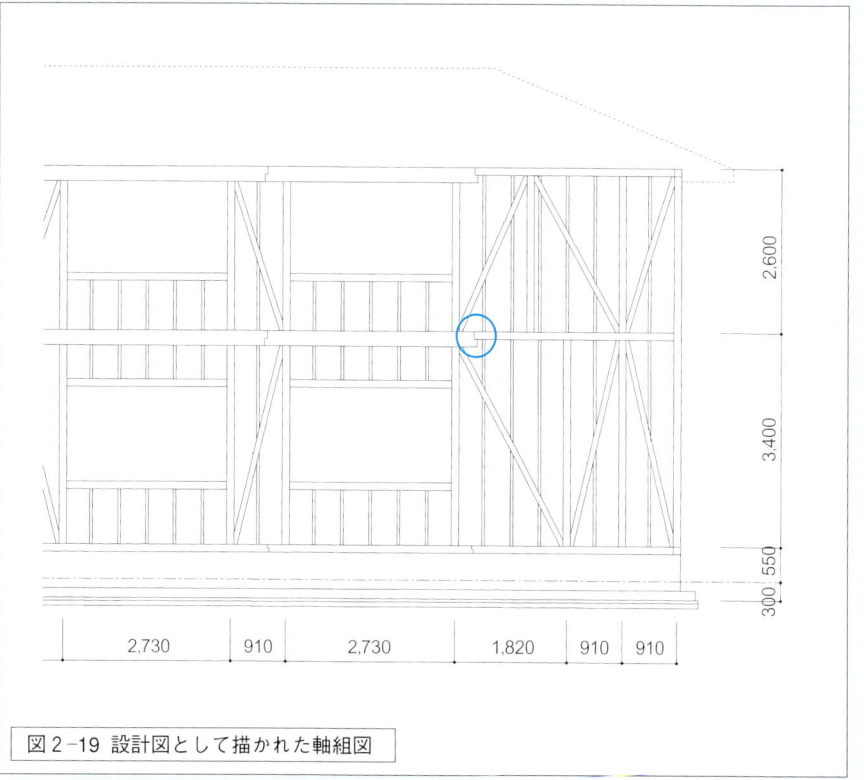

図2-18 設計図として描かれた2階床伏図

図2-19 設計図として描かれた軸組図

❺**軸組図は図面の体裁を整えなければならないというわけではない**

前述したように，木造建築物はRC造建築物と異なり通り心が多いため，前ページの図2-19のような軸組図をすべての通りについて作図することは非常な手間がかかります。大工さんやプレカット工場では，特別のことがない限り伏図しか描かないことを見ればわかるように，製材の加工のための情報としては，伏図があれば十分です。軸組図を設計図書には入れずに，架構位置のチェックのための図面と割り切ることも一つの方法です。

図2-20は，N値計算ソフトで出力した軸組図の一例です。チェック用として割り切れば，十分実用に耐えるものであり，こうしたソフトを使用すれば，比較的容易にすべての通りについて適切な継手の位置を検討することが可能になります。

また，継手位置の検討だけでなく，架構の問題点を見つけることもできます。

例えば，図2-20の○印部分の直下には，1階の柱がありません。31ページの写真1-28や，右の写真2-5と同じ状況といえ，この部分を受ける梁の成を大きくするなどの何らかの対策が必要なことがわかります。

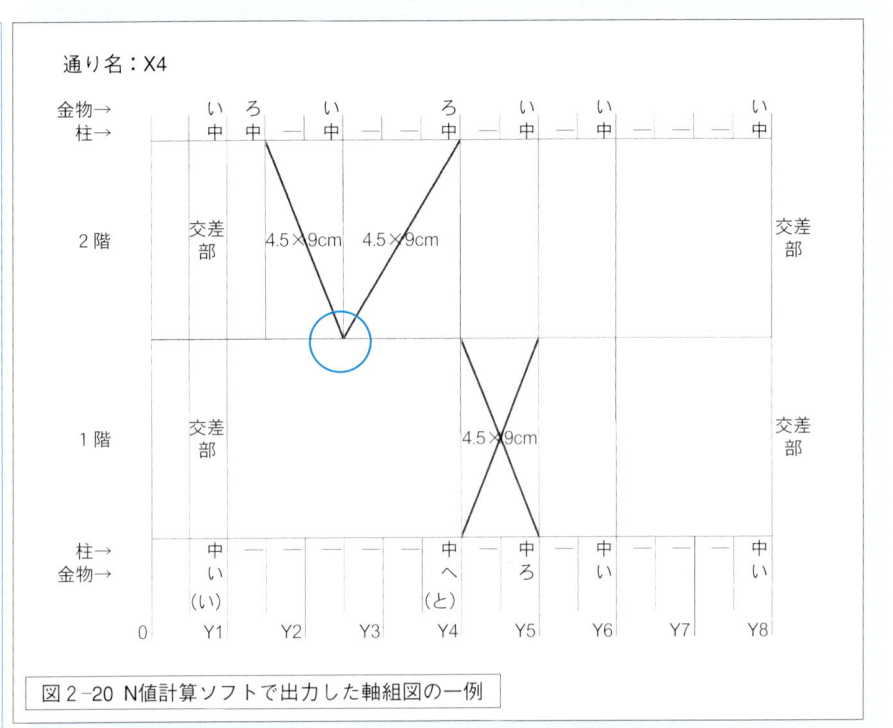

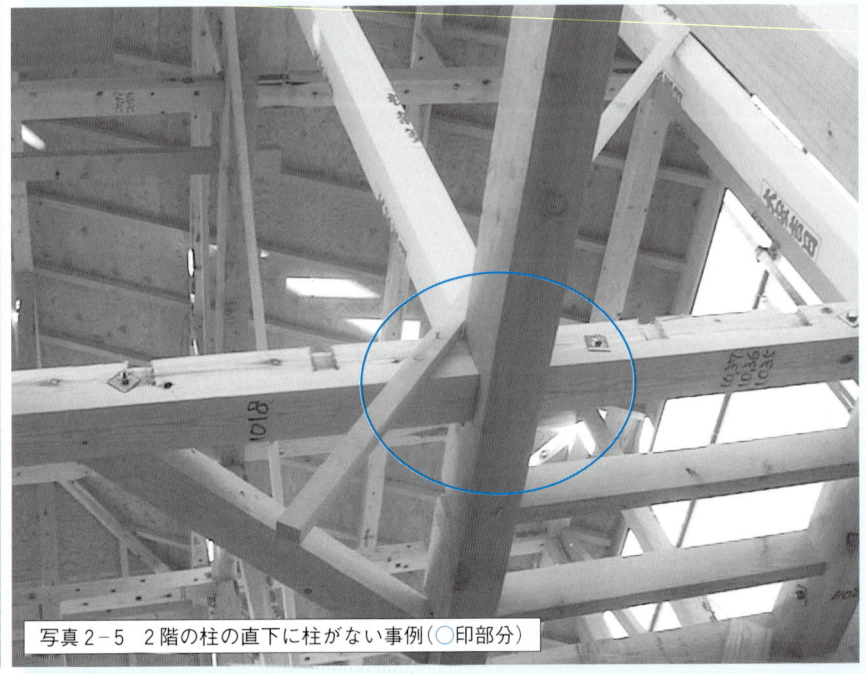

図2-20 N値計算ソフトで出力した軸組図の一例

写真2-5 2階の柱の直下に柱がない事例（○印部分）

3章

指定しておくべき仕様がある

1　指定すべき仕様は現場が教えてくれる
2　浴室の断熱への配慮があるか
3　納まりを考慮して金物を指定しているか
4　排気ダクトに対する配慮があるか
5　配線・配管が貫通する部分への配慮があるか
6　釘の「はしあき寸法」への配慮があるか
7　フック付き鉄筋の使用への配慮があるか

1　指定すべき仕様は現場が教えてくれる

❶現場に立ち会うと，設計図では見えていなかったことが見えてくる

　時間や費用にとらわれることなく図面を描ける機会が与えられたなら，おそらくほとんどの設計者は，細部に渡るまで納まりを検討しつくした図面を描くのではないでしょうか。ただ，現実には時間や費用を始めとした種々の制約があり，未消化なままで設計を終了させなければならないこともあると思います。

　一方，細部の納まりが描かれた図面などなくとも支障なく仕事は進行する，と考えている施工管理者の方もいます。現場で納まりを解決しながら仕事を進めていくというやり方に慣れている職人さんが，問題を解決してくれているという現実があることも，そうした考えを後押ししています。平面図や立面図だけしか描かない施工会社もあるようですし，特に建売住宅などにその傾向が見られます。

　こうした現実に取り囲まれている設計者のなかには，作図や検討作業を省略してしまう方々もいるようですが，もしその結果として欠陥工事が生じてしまった場合は，職人さんだけを責めることはできないといわなくてはなりません。本当に必要な図面や検討作業を省略してしまったことが欠陥工事の最大の原因というケースがあるからです。

写真3-1では，スペーサー（○部分）が転倒しています。かぶり厚さが確保できていませんが，割栗石をただ投げ込んだだけとしかいえないような仕事では，起きるべくして起きたことだといえます。

地業工事の仕様を明記しない設計図が少なくないようですが，右の写真のような仕事をする施工者には，目つぶし砂利や捨てコンを施工することを図面に明記しておかないと，最低限の施工品質も守れないことは明らかです。

ただ，設計者の意図が伝わるのであれば，それは図面である必要はなく，文字だけでも構いません。不適切な工事と正しい工事の写真を並べて示すだけでも十分な効果が得られることもあります。

また，施工管理者や職人さんと直接話すことが可能であれば，そうした方法も効果があります。

写真3-1　スペーサーを設けた意味がないといわなければならない仕事の一例

2 浴室の断熱への配慮があるか

❶公庫仕様書に掲載されている仕様をそのまま使えない場合がある

　図3-1は，公庫仕様書に掲載されているバスユニット回りの納まり図です。床下換気孔を設ける仕様で，設計図にこうした部分の詳細が描かれていない場合，施工者はこの図から○印③の断熱材を除外した仕事（図3-2参照）をすることが多いようです。ただ，図3-1は床下の換気がない場合の納まり図であって，床下換気孔を設けた場合には，そもそもこの図を採用することはできません。

　床下換気孔を設けた場合に，この図のような仕事をすると，冬期には浴室内の温度低下だけでなく，浴室に隣接した部屋の温度にも影響を与え，壁内結露などの問題も生じる可能性があるからです。

図3-2における冬期の床下の外気の流れは，矢印のようになりますので，バスユニットの床下の温湿度は外気とほぼ同じと考えられます。

そして，この部分とつながっているバスユニットと壁や天井との間にできる空間も，外気にほぼ準じた温湿度になっていると考えられます。

床下換気孔が有効であればあるほど，バスユニットの周囲は外気に近い温湿度となり，バスユニット内の室温だけでなく，浴室に隣接した部屋の温度も低下させてしまいます。

このことから，床下換気孔を設けた場合は，④の断熱材には意味がなく，⑤に断熱材が必要となることがわかると思います。

なお，図3-2は床下換気孔を設けた形で作図していますが，基礎パッキンなどによって換気を確保したケースでも同様であることを付け加えておきます。

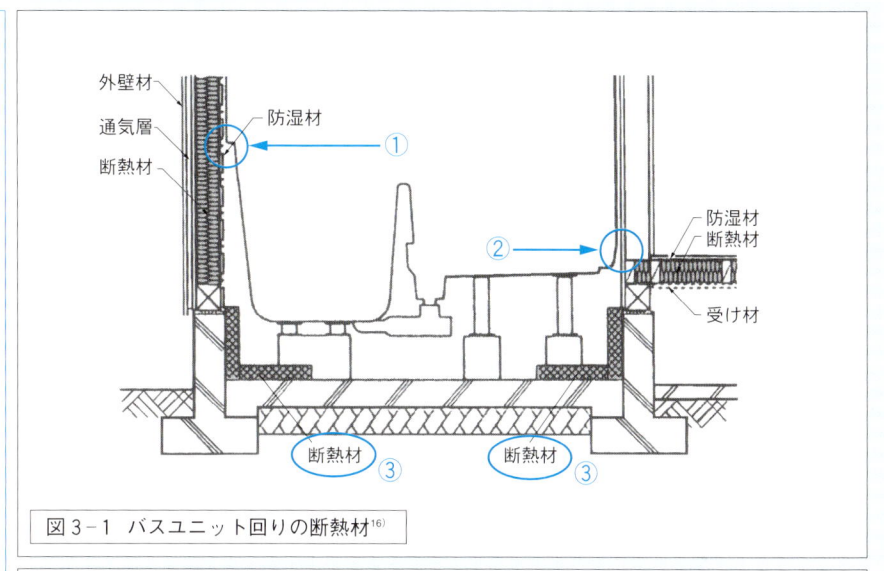

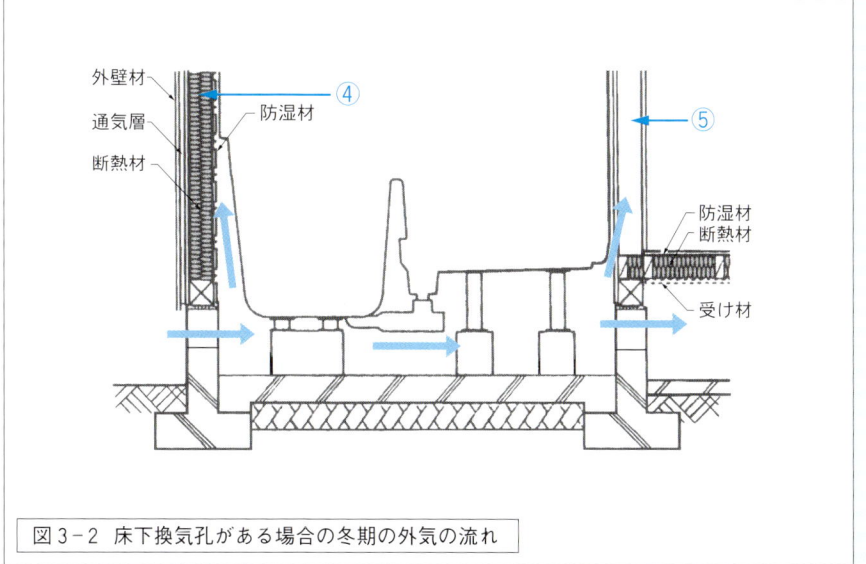

図3-1 バスユニット回りの断熱材[16]

図3-2 床下換気孔がある場合の冬期の外気の流れ

❷床下換気孔を設けた場合は，浴室内が寒くならないように工夫をする

　浴槽だけでなく，床・壁・天井にも断熱材を標準装備したバスユニットも製品化されています。ただ，そうした製品に使われている断熱材は薄い場合がほとんどであり，パネルの継目に断熱材がない製品もあるなど，断熱性能は十分とはいえません。

　メーカーには改善を求めたいと感じますが，設計者としても現時点でできうる解決策を明示しなければなりません。

　下の写真はこうした状況のなかでの対策の一つといえます。

前ページの図3-1の①に当たるものが，写真3-2のパッキン①です。

また，図3-1の②に当たるものが，写真3-3のパッキン②です。

これらのパッキンでバスユニットの周囲をふさいで，外部の冷気をこの部分で止めてしまえば，バスユニットの壁や天井の断熱材だけでなく，図3-2の⑤の部分の断熱材も不要になります。

なお，この写真の仕事では，隙間の大きさが異なることから，パッキン①とパッキン②の形状を変えるなどの工夫をしています。

これに準じた仕様を採用する場合には，担当の職人さんと元請の施工会社の両者に，この仕事の意味をよく理解してもらわないと不十分な仕事が行われてしまう可能性がありますので注意して下さい。

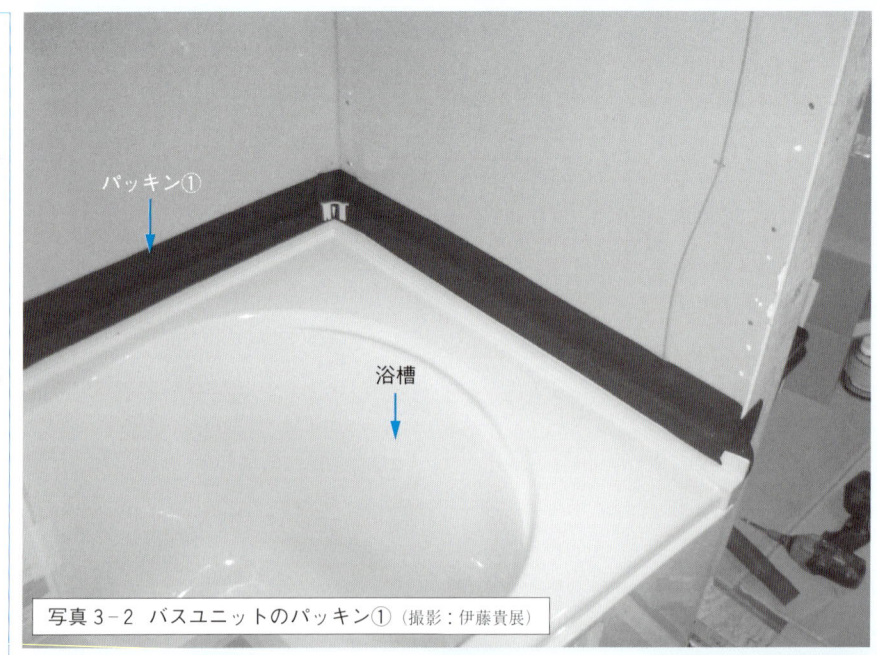

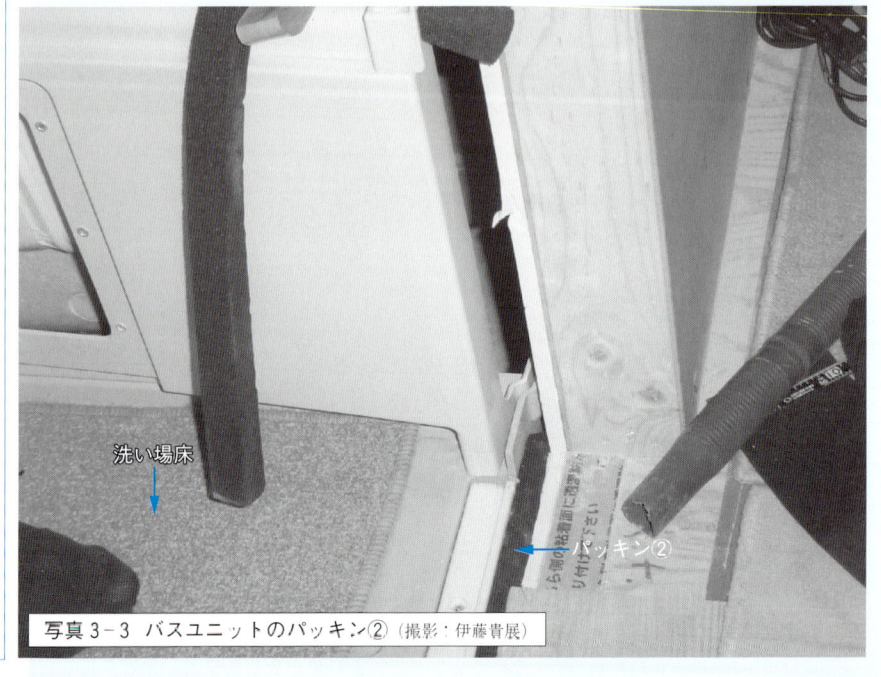

写真3-2　バスユニットのパッキン①（撮影：伊藤貴展）

写真3-3　バスユニットのパッキン②（撮影：伊藤貴展）

❸ **床下換気孔を設けているにもかかわらず，隣室への配慮を欠いた設計が少なくない**

前ページのような処置をしない場合，図3-3の■部分は，外気に準じた温湿度になっていると考えておかなくてはなりません。当然ですが，この部分の温度は，居室AやBの室温に影響を与えます。

温度低下を防ぐためには，図3-3に示した位置に断熱材を設ける必要がありますが，特に③の断熱材が忘れられがちですので注意が必要です。

写真3-4は，床下換気孔が設けられている仕事ですが，①部分に断熱材が設けられていません。この部分は，図3-3の②に当たる部分ですが，こうした仕事が少なくありません。

何度も述べているように，床下換気が十分であれば，図3-3の■部分は外気に準じた温湿度となっていると考えるべきであり，こうした点を考慮すれば，断熱材が必要な位置は自然に導き出されるはずです。

図3-3の①は，図3-2の④に当たる部分です。この図からも，ここに断熱材を設けても，床下換気孔を設けた場合には意味がないことがわかると思います。

もし，バスユニット本体に断熱材がないタイプを使用して，基礎パッキンにせよ換気孔にせよ，床下換気を設ける設計をするならば，冬期には外気の影響を受けて，バスユニット内の温度が低下することを建築主にきちんと説明をして同意を得ていただきたいと思います。

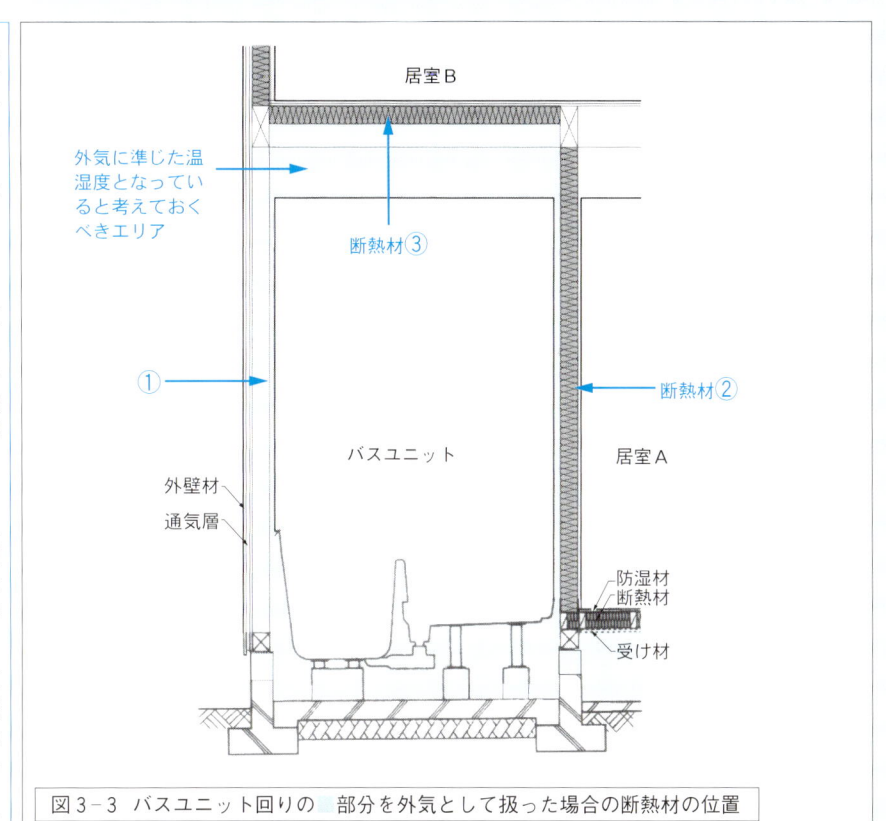

図3-3　バスユニット回りの■部分を外気として扱った場合の断熱材の位置

写真3-4　バスユニットに隣設した間仕切り壁に，断熱材が施工されていない仕事

❹ **バスユニットに隣接する間仕切り壁の断熱材の向きを誤ると，壁内結露を生じる可能性がある**

写真3-5は，バスユニットが設置される直前の状態を撮影したものです。①は外壁，②は間仕切り壁ですが，防湿層が浴室側を向いていることがわかると思います。

前ページの図3-3の居室Aから見れば，間仕切り壁の向こう側の温湿度は外気に準じた状態です。つまり，この間仕切り壁は，居室Aにとっては外壁と同じということになります。写真3-5の仕事は断熱材を逆に張っており，これでは壁内結露を生じる可能性があります。

写真3-5 断熱材の向きを逆に施工した事例

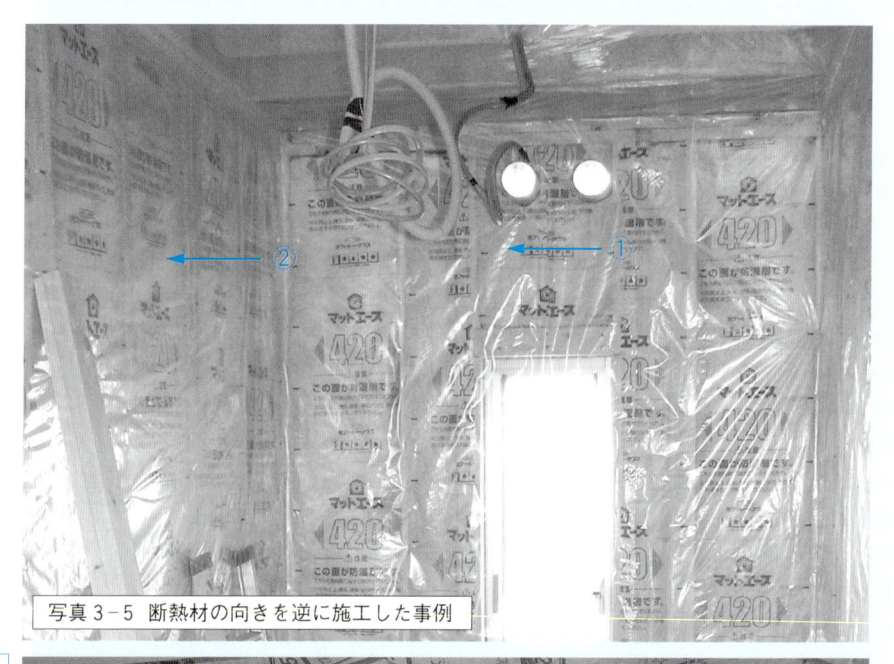

写真3-6の断熱材①は，正しい向きに施工されています。ただし，②のように配線で断熱材と仕上材の間に隙間をつくったり，○印部分のように断熱材の小口部分で防湿層が切れている点は好ましくありません。

前者は断熱性能を低下させ後者は断熱材内部で結露が生じる危険性が高まるからです。

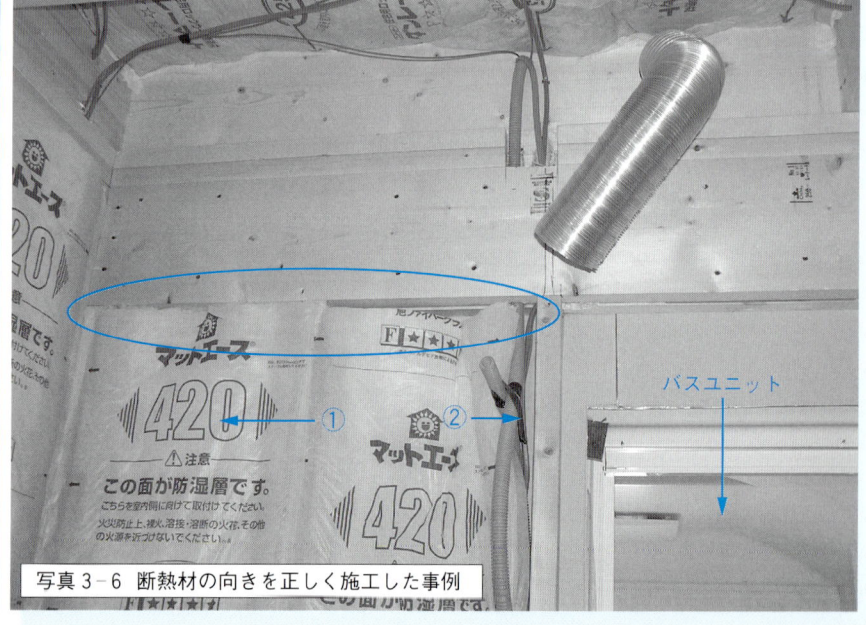

写真3-6 断熱材の向きを正しく施工した事例

3 納まりを考慮して金物を指定しているか

❶N値計算ソフトで作成した「接合金物位置図」には，取付け不可能な金物が示される場合がある

　在来工法に関しては，建設省告示第1460号により，接合金物の設置が規定されたことから，金物の取付け位置図の必要性が理解されるようになってきたと感じられ，このこと自体は好ましいことだと思います。ただ，告示の規定に従うと金物が過多になる傾向があることから，N値計算によって金物を決定するために計算ソフトを使うケースが多いようです。

　数多くの計算ソフトが作られていますが，図3-4はそのなかの計算ソフトの一つを使って出力したものです。この図の○印部分には，接合金物として「(ろ)：長ほぞ差込み栓打ちまたはL字型金物」が指定されています。

　しかしながら，この部分の架構は，次ページの図3-5のようになっており，ここには告示で規定している「込み栓」や「L字型金物」は施工できないことがわかると思います。この場合は，同等の耐力をもつ写真3-7の金物を使うことも一つの方法ですが，背割りとの位置関係によっては正しく取り付けることができない場合もあります。残念ながら架構の状況を判断して取付け可能な金物を指定してくれる計算ソフトは，現在のところはないようですので，手作業でチェックをしなければならないことになります。

　設計者としては，この作業のための費用の追加を要請したいところですが，その実現はなかなか難しいことだと思います。ただ，この作業の重要性を説明できる人間は設計者しかいません。理解を得られるまで説明をしていただきたいと思います。

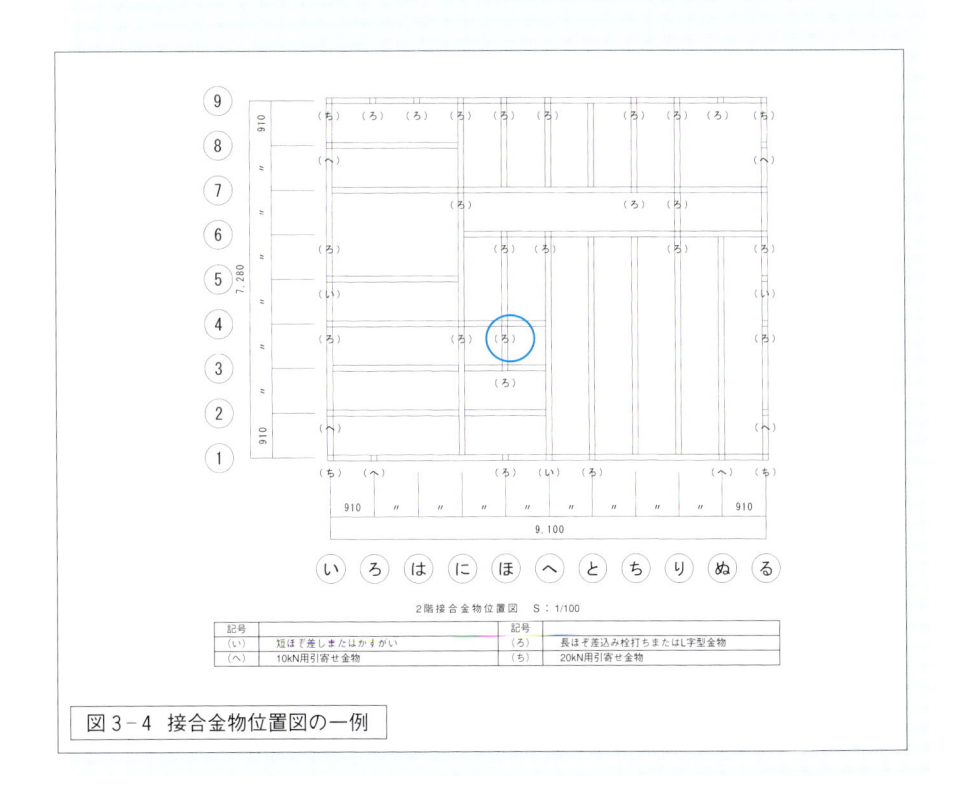

図3-4 接合金物位置図の一例

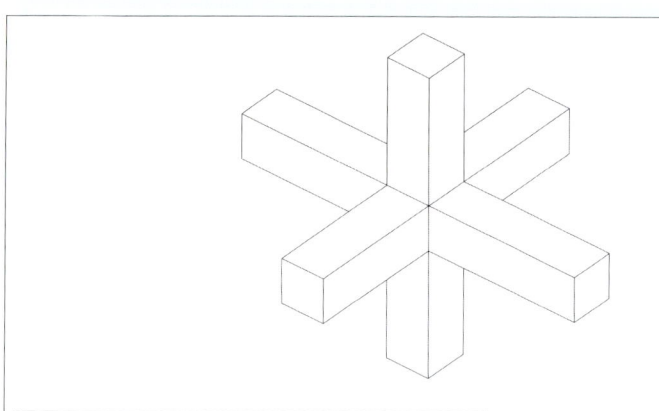

図3-5　図3-4の○印部分の架構のアイソメ図

この写真3-7の仕事で使っている金物は，L字型金物と同等の耐力があると認められており，これを（ろ）が必要な部位に使用することに問題はありません。ただ，柱の端部に片寄せて使うことは避けて下さい。

背割りや筋かいなどがある場合は，片寄せなければ取り付かない，という声が施工者から出ると思いますがそれらのない面に付ければよいことです。

そもそもこうした金物は，柱心に取り付けた状態で耐力試験を行っています。この金物の実験データではありませんが，柱心から27mmずらして取り付けた場合，耐力が約40％低下したという情報もあります。柱の端部に取り付けても問題ないことを金物メーカーが明言している場合を除き，柱心に取り付けることを原則として下さい。

背割りの位置は，手刻みであれば指示した位置を守ってもらうことは可能ですが，プレカットの場合は難しいと考えておかなくてはなりません。

背割りと取り合った場合の対応を図面に明記しておくことも必要ですが，この問題について施工管理者や職人さんと事前に話し合いをもつことも効果的です。

写真3-7　L字型金物と同等の耐力をもつ接合金物を使用した事例

❷ホールダウン金物を柱心からずらして設けることは避ける

　背割りにぶつかることを避けるために，ホールダウン金物を柱心からずらして設けるケースが散見されます。写真3-8はそうした仕事の一例です。しかしながら，取付け位置を柱の端部に寄せると，前ページで述べた金物と同様に，所定の耐力を得られない可能性があります。

> プレカットでは施工図が描かれますので，きちんと管理すれば，手刻みの場合に多く見られるアンカーボルトと継手がぶつかるという問題を減らすことができます。
>
> ただその一方で，真壁の柱の背割りを室内側に向けて刻んでしまうなど，手刻みではあり得ないことも生じます。
>
> コストではプレカットに軍配があがりますが，それだけでは決められない問題があることを設計者はよく把握して，それぞれの長短を建築主にきちんと説明していただきたいと思います。
>
> プレカットの場合には，集成材の柱を使用することがホールダウン金物をずらさずに納める対策の一つとなります。
>
> その意味では写真3-9は，ずらす必要はないはずですが，筋かいとの取り合いを避けるためにずらしたようです。
>
> この場合は，ホールダウン金物のボルトを長くすれば柱心にホールダウン金物を取り付けて筋かいをかわすことができます。
>
> ボルトの長さを筋かいの位置に合わせて指定することは，大変な手間のように思うかも知れませんが，階高さえ決めてしまえば，スパンによる数種類のパターン図を作成するだけで必要な長さを指定できます。

写真3-8　背割りを避けるために柱心から外してホールダウン金物を取り付けた事例

写真3-9　柱に集成材を使った事例

❸**在来工法だけでなく，ツーバイフォー工法でも金物が材端に取り付けられている**

写真3-10は，ツーバイフォー用接合金物の○印部分のビスを打つ際に，竪枠の間隔が狭く，インパクトドライバーが入らなかったために斜めにビスを打ち込んで材端に取り付けてしまった事例です。

こうしたケースに限らず，接合金物の取付け位置を図面に記載するなら，設計者は施工が可能なことを確認した上で記載すべきですが，このケースでは竪枠の反対側（①部分）も間隔が狭くなっており，この設計者はその点への配慮がなかったといわざるを得ません。

74ページに記載した，材端に取り付けたために耐力が低下した金物は，在来工法の金物ですが，ツーバイフォー用の金物でも耐力の低下はあり得ると考えていただきたいと思います。

写真3-10 ツーバイフォー工法用の接合金物が材端に取り付けられた事例

竪枠の幅が狭くとも，写真3-11のような治具を使うことで，ビス打ちが可能なケースもあります。

設計者としては，インパクトドライバーが入らないような狭い場所に，金物の取付けを指定しないことをまず第一に考えるべきですが，どうしても避けられない場合は，職人さんによって可能な幅が異なりますので，施工限界を確認した上で，それに応じた設計をしていただきたいと思います。

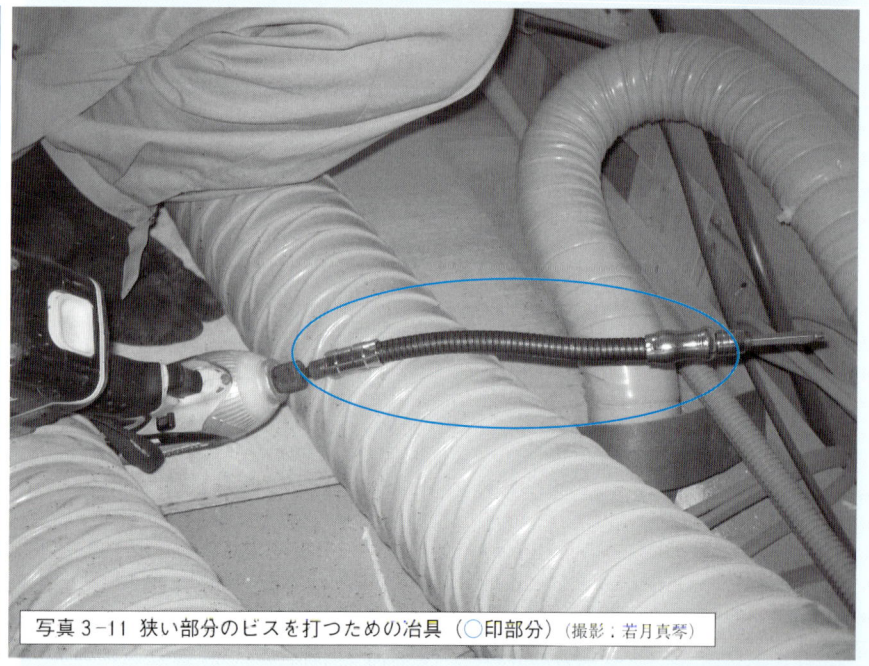

写真3-11 狭い部分のビスを打つための治具（○印部分）（撮影：若月真琴）

❹金物同士のぶつかりにも注意する

　筋かい金物が他の金物とぶつかって、ビスや釘が打てないケースが散見されます。**写真3-12**はそうした仕事の一つですが、○印部分のビスが打たれていませんので、この金物には所定の耐力を期待できないといわなくてはなりません。

　筋かい金物には、柱と梁への取付け面を反対側に向けて使うことができる製品や、**写真3-13**で使っている金物などがあり、こうしたケースでの対策をあらかじめ明確にしておくことが問題の発生を防ぐことになります。

写真3-12の②は、1階の柱頭に取り付けられた座金付きボルトです。告示第1460号が規定されて以降、この種の問題が生じるようになりました。

この建物の設計者は、金物を具体的には指定していませんでしたので、職人さんは納まりを考慮せずに、耐力値だけを見て使用する金物を決定したようです。

数多くのメーカーからさまざまな形状の金物が市場に出回っており、耐力値だけでなく、具体的な金物名を指定しておかないと、このような仕事が行われてしまう場合もあると考えて下さい。

写真3-12 金物同士のぶつかり

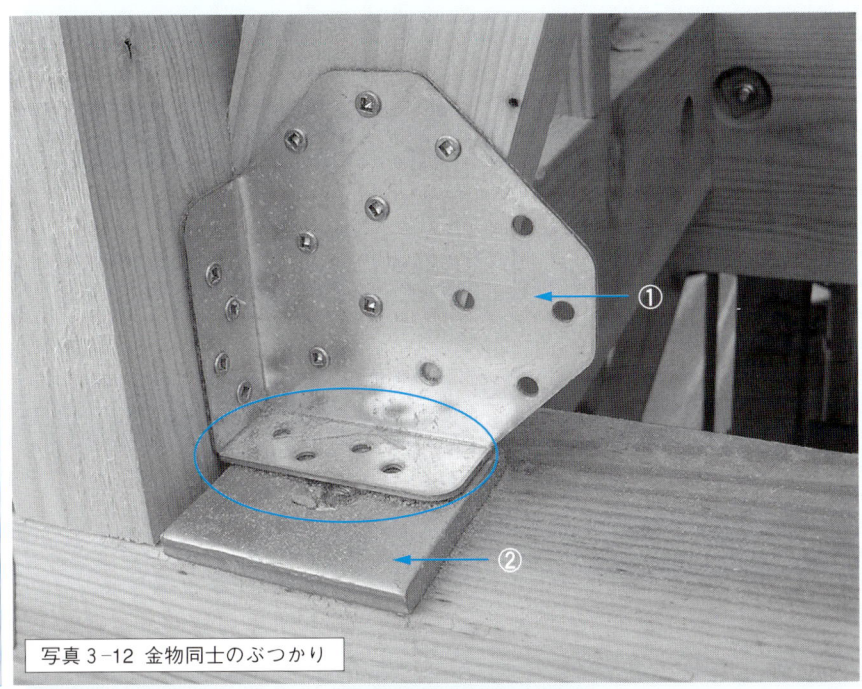

写真3-13の筋かい金物を使えば、**写真3-12**のような問題を回避できますが、この金物は背割りとの取り合いに注意が必要です。

写真3-13の○印部分を見ればわかるように、このような仕事では期待する耐力を得られないといわなくてはなりません。

こうした問題は、施工側の問題だと突き放してしまうことは簡単ですが、それでは解決しないという現実があります。より良い建物の実現のために、設計者としてできることをするという姿勢をもって設計にあたっていただければと思います。

写真3-13 床方向への取付けが不要な筋かい金物

❺金物の納まりだけでなく，必要があれば部材の寸法を調整することも念頭におく

写真3-14は，土台より柱の寸法が大きいことから，金物が曲がって取り付けられています。また，写真3-15はそれとは逆の，横架材よりも柱が小さいケースです。こうした使い方をすると期待する耐力を得られない可能性があります。

段差が生じている部分に使うことのできる金物が製品化されていますので，そうした製品を指定することも一つの方法です。また，構造材の断面寸法を合わせることが費用の点で可能であれば，それも選択肢の一つです。

> 土台の断面寸法について，公庫仕様書には「土台の断面寸法は，柱と同じ寸法以上かつ105mm×105mm以上とし，120mm×120mmを標準とする」と書かれています。
>
> 規定をそのまま適用すれば写真3-14のような仕事が生じる余地はありませんが，破線部分はフラット35の利用時には訂正できることになっています。
>
> 以前の仕様書では，破線が波線になっていましたので，こうした仕事は規定上あり得ないことでしたが，それでもたびたび見受けられました。改訂によって規定の上からも許されることになりましたので，その意味ではより一層の注意が必要です。
>
> 金物の納まりの検討に限界がある場合は，断面寸法を統一することも検討していただきたいと思います。

写真3-14 曲がって取り付けられた金物①

写真3-15 曲がって取り付けられた金物②

❻大黒柱を設ける場合には，基礎の形状も含めて検討する

　大黒柱を設ける場合には，公庫仕様書の規定に従えば，土台を大黒柱と同寸以上とする必要があることになりますが，建築基準法施行令の第42条には，「構造耐力上主要な部分である柱で最下階の部分に使用するものの下部には，土台を設けなければならない。ただし，当該柱を基礎に緊結した場合又は平屋建ての建築物で足固めをした場合（中略）においてはこの限りでない」と規定されています。

　写真3-16の仕事にホールダウン金物を設けて，基礎と緊結することも一つの方法といえます。

写真3-16 基礎の上に大黒柱を載せた仕事

写真3-17の仕事では，大黒柱を断面寸法の小さな土台の上に載せています。ここには取り付けられていませんが，ホールダウン金物やコーナー金物などを○印部分に設けることができますので，そうすれば問題はないという判断もあると思います。

ただ，こうした架構は柱が土台へめり込むことによって変形が生じる可能性があり，そうした視点で見れば好ましくないといえます。

基礎との取り合い図などがないと，このような仕事が行われてしまう可能性がありますので，その意味ではこうした部分の作図は省略しないでいただきたいと思います。

写真3-17 土台の上に大黒柱を載せた仕事

4 排気ダクトに対する配慮があるか

❶排気ダクトの被覆が忘れられてしまうことが少なくない

アイランド型のキッチンに限らず，排気にダクトを用いる設計が多くなっていますが，排気ダクトを被覆のないままに可燃物に接近させている，**写真3-18**や**写真3-19**のような仕事を散見します。

木材の引火点は240～270℃といわれていますが，これより低い温度でも燃え出す「低温発火」という現象があります。排気ダクトに木材が接触している場合などは，長期間にわたる加熱によってこうした低温発火が生じる危険性があります。そうしたことから，火災予防条例では，排気ダクトは不燃材料でつくり，可燃物から100mm以上離すか，100mm以内の場合は金属以外の不燃材で被覆するよう規定されています。

ところが，木造住宅の確認申請は，消防署を経由しない場合がほとんどです。もしこのことが，こうした点への注意を払わない結果を招いているとすれば，残念なことだといわなくてはなりません。建物の品質を考えたときにそれが守るべきことならば，審査機関や行政の指摘の有無は関係ないはずです。これは施工者だけの問題ではなく，設計者の問題でもあると考えていただきたいと思います。

ダクトルートと木造架構部分との位置関係のチェックには，それなりの手間がかかります。また，ダクトを曲げることで，架構部分からの離隔距離を確保できることが図面上で確かめられたとしても，それが曲がりの多いルートであった場合は，あまり好ましいとはいえません。

フレキシブルダクトは複雑な曲がりをつくることも可能ですが，曲がりが多いということは，抵抗が増して排気能力が落ちるということになりますし，油などの汚れが集中する箇所をつくることにもなるからです。

そもそも木造住宅では，離隔距離を守った仕事をすることは難しいと考えて，被覆を前提とすることも現実的な選択肢の一つといえます。

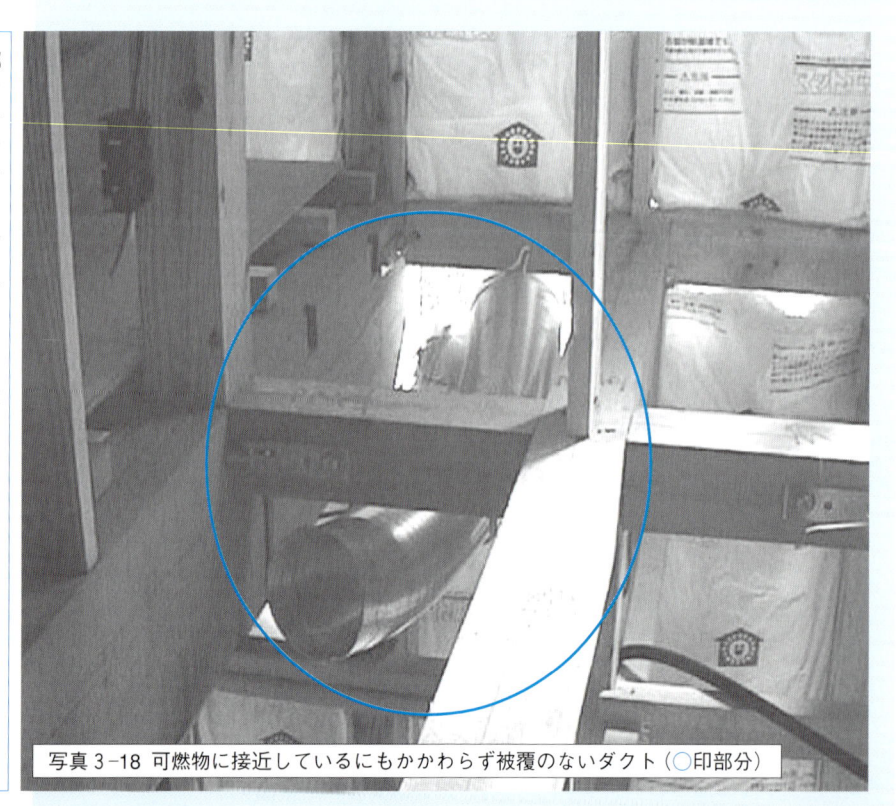

写真3-18 可燃物に接近しているにもかかわらず被覆のないダクト（○印部分）

写真3-19は，排気ダクトと可燃物が接していますが（○印部分），被覆がありません。一方，写真3-20は，不燃材で被覆（○印部分）をしています。

低温発火の危険性を減らすという視点でいえば，後者が望ましい仕事ということになりますが，いずれの仕事も断熱材との取り合い部分に隙間が生じていたり，内部のグラスウールがむき出しになっているなどの問題が生じています。

グラスールのような繊維系の断熱材でこうした部分を納めることは難しく，石油系の断熱材を使用することも一つの方法です。

なお，写真3-19の矢印部分のダクトが，若干上に持ち上げる形で施工されているのがわかると思います。雨水の浸入防止という視点で見れば，写真3-20の仕事より好ましいといえます。

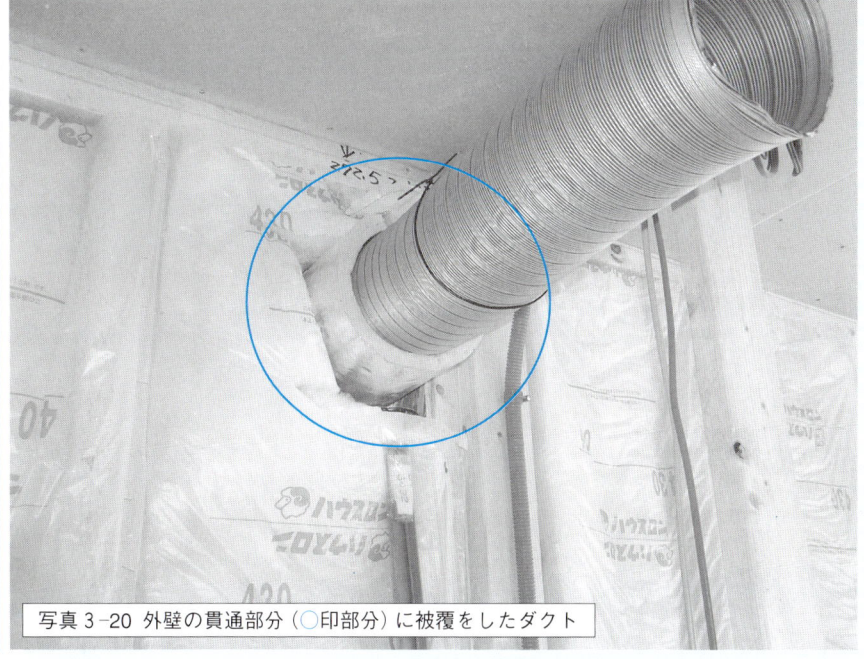

写真3-19 外壁の貫通部分（○印部分）に被覆のないダクト

写真3-20 外壁の貫通部分（○印部分）に被覆をしたダクト

❷ダクトによる排気方式だけに限定せずに，建築主にとって最も良い排気方式とは何かを考える

　排気ダクトには，アルミ製のフレキシブルダクトを使用するケースが大半だと思いますが，このダクトは溝の部分にほこりや油が溜まりやすく，建築主が自分自身でダクト内を清掃することはほとんど不可能といってもよいように思います。ダクト内の温度は，油が発火するほどの高温にはならずメンテナンスは不要，と考えているレンジフードメーカーもあるようですが，長期間清掃せずに放置された場合は，溝に溜まった油が火災の原因になることも考えられます。

　ダクトによる排気はごく当たり前に採用されていますが，メンテナンスなどの点も含めた情報を建築主に伝えて，その理解を得ておくことは，長く安心して住み続けてもらうために欠かせないことだと考えていただきたいと思います。

　なお，アルミ製のフレキシブルダクトを指定する場合は，必ず不燃認定がとれている製品を指定してください。

　写真3-21の仕事では，ダクトの一部を被覆（○印部分）していますが，被覆材としてグラスウールを使用しています。グラスウールは不燃材であり問題ないという判断だったのだと思いますが，耐熱温度の高いロックウールなどを使用することが望ましいといえます。

　また，排気ダクトをわざわざ遠くまで引き回していますが，抵抗が増えて排気能力が低下することや，ダクト内の清掃がより困難になるなどの問題があります。

　このケースでは，何らかの理由でレンジの近くに排気口を設けることができなかったために，このように長いダクトを設けることになったのかも知れません。ただ，レンジを排気が可能な位置にプランニングすれば，ダクトをこのように引き回す必要はなかったはずです。

　こうしたつくりにせざるを得ない場合は，その理由を建築主によく説明して理解を得ていただきたいと思います。建築主の納得の有無が，引渡し後に適切なメンテナンスが行われるかどうかに関わってくるからです。

写真3-21　長い排気ダクトを設けた事例

❸レンジを外壁に接した位置に設けても，ダクトが必要な場合がある

　外壁に接してレンジをレイアウトしても，シロッコタイプのファンを選択すると，写真3-22のようにレンジフード上部で排気ダクトを接続する必要があります。このケースは，前ページのケースに比べるとダクトの距離が短く，メンテナンスは容易ですが，いずれにしても清掃が必要なことに変わりありません。建築主とよく打ち合わせた上で採否を決定していただきたいと思います。

　なお，下の写真の仕事では，外壁貫通部（〇印部分）に合板を使用していますが，不燃性のボードを使用するかダクトの周辺を不燃材で覆うなどの配慮が必要です。また，この仕事ではスペースに余裕がないために，写真3-19のように，ダクトを貫通部分より上に持ち上げることができません。こうした場合は，雨水の浸入を防ぐ効果の高い形状の排気フードを指定することが必須といえます。

本書では紹介していませんが，レンジの直近に排気口を設けるプロペラタイプのファンを使ったダクトによる排気方式があります。

周辺への汚れが少ないというメリットがありますが，ダクト内で火災が発生した製品もあるようです。

消防本庁としては，こうしたシステムを認めないという見解はとっていないようですが，所轄の消防署の意見も聞いた上で，建築主にその長短をよく説明し，採否を決定していただきたいと思います。

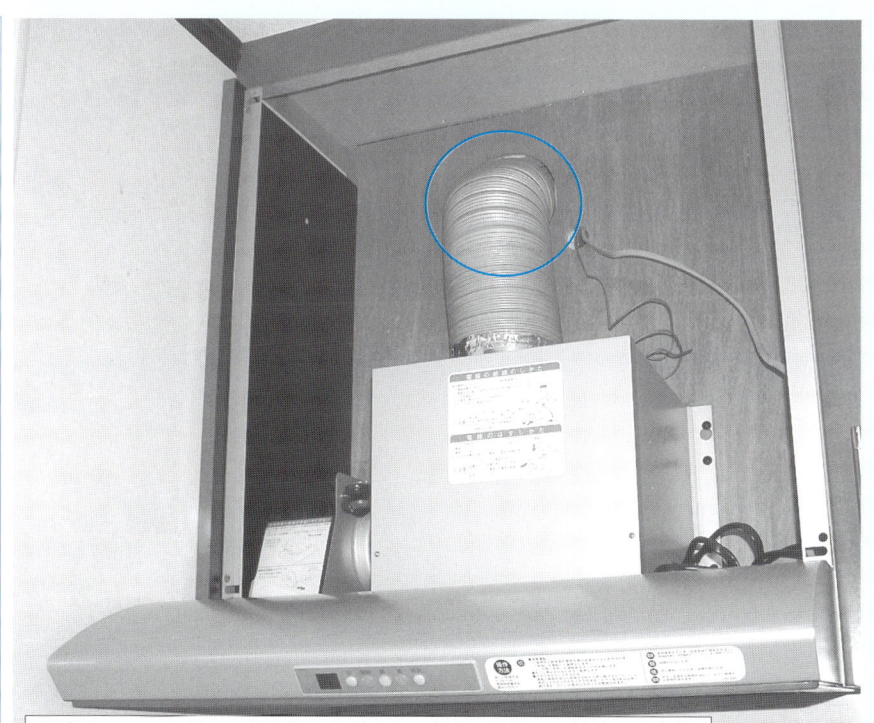

写真3-22　レンジフード上部からダクトで外部の排気口に接続した事例

5 配線・配管が貫通する部分への配慮があるか

❶複数の配線・配管をまとめて木造部分を貫通させることは，漏水の原因になる

　配線や配管を建物に取り込む際の配慮が欠けている，と感じられる仕事が少なくありません。写真3-23や同3-24は，そうしたケースの代表ともいえる仕事です。

　1本の配管であれば木造部分を貫通させても，写真3-25や同3-26のように，配管との取り合い部分をシーリングや防水テープで処置することができますが，複数の配管がまとまって同一箇所を貫通した場合の処理には限界があります。

写真3-23，同3-24は，配管との取り合い部に何の処置もせずに仕事を進めた事例です。

複数の配線・配管をまとめて木造部分を貫通させることは，木部の腐朽につながる恐れが大きいことをこれらの写真で再確認して下さい。

こうした仕事をする職人さんには反省をしてもらわなければなりませんが，これは職人さんだけの問題ではありません。

こうした配管ルートを指定した場合でも，指定していない場合でも，設計者の責任は大きいといわなくてはなりません。

前者に関していえば，納まりを知らないとしかいいようがありませんし，後者に関していえば，指定していないことにそもそも問題があったといわなくてはならないからです。

複数の配線・配管をまとめて建物内に取り込む場合は，基礎部分で貫通させること（写真3-28参照）もこうした問題を避ける一つの方法です。

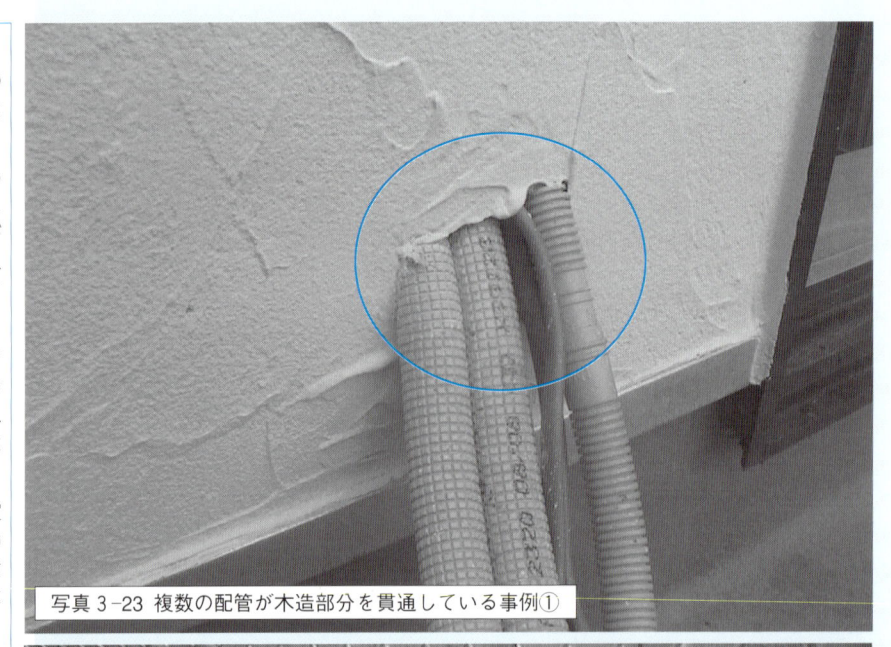

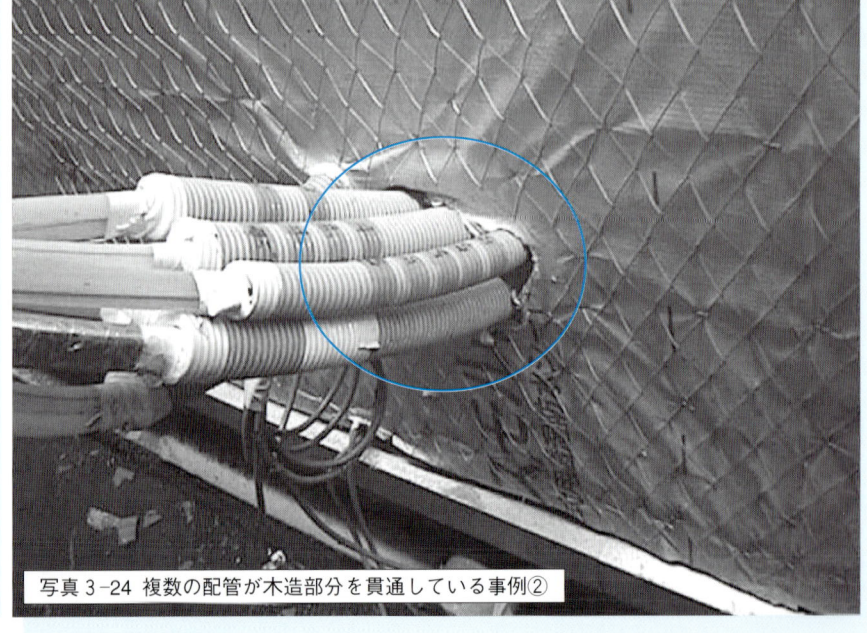

写真3-23 複数の配管が木造部分を貫通している事例①

写真3-24 複数の配管が木造部分を貫通している事例②

シーリングは紫外線などの影響を受けて劣化します。その寿命は環境によって異なりますが，おおむね10年前後といわれています。

設計者としては，シーリングの劣化だけでなく，施工不良による漏水もあり得ると考えておくべきであり，写真3-25の外装材の位置でのシーリング（1次シール）だけに防水性能を期待することは避けなければなりません。

写真3-26は，防水紙との取り合い部分を防水テープで処置（2次シール）しています。漏水事故を防止するためには，このように二重の防水処置をすることが重要です。

写真3-26の①は，換気孔のために設けられたスリーブですが，外部側へ勾配（破線矢印）が付けられています。

次ページの写真3-27のように，内部側に勾配が付けられている仕事が散見されますが，これでは雨水を室内へ呼び込むことになってしまいます。

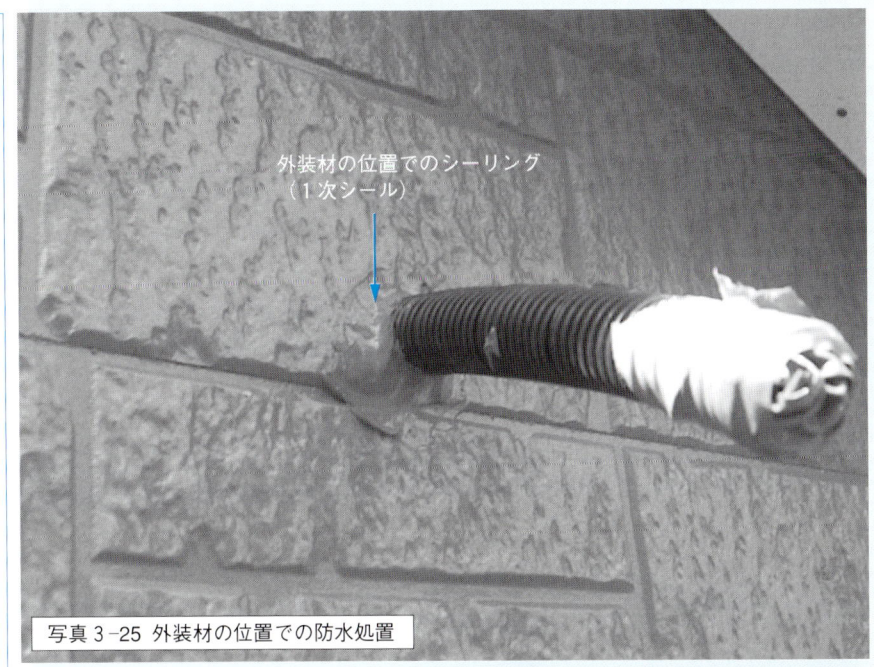

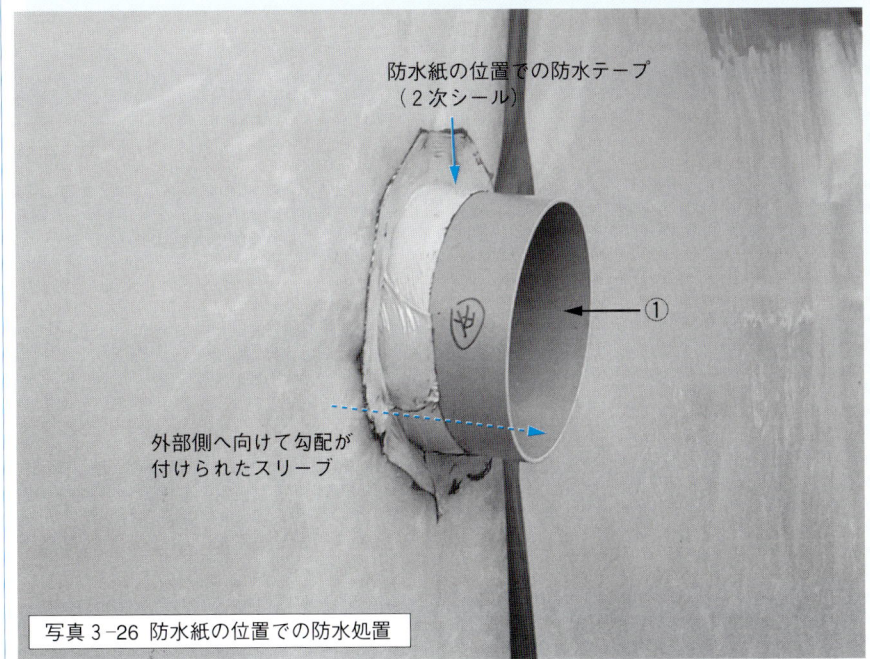

外装材の位置でのシーリング
（1次シール）

写真3-25 外装材の位置での防水処置

防水紙の位置での防水テープ
（2次シール）

外部側へ向けて勾配が
付けられたスリーブ

写真3-26 防水紙の位置での防水処置

85

スリーブの上に載せられた水準器の水泡（→部分）が手前に寄っていますので，室内側に向かった勾配が付いていることがわかると思います。

RC造とは異なり，固定がしづらいことがこうした仕事を生む原因となっているといえますが，逆にいえば，修正は容易です。

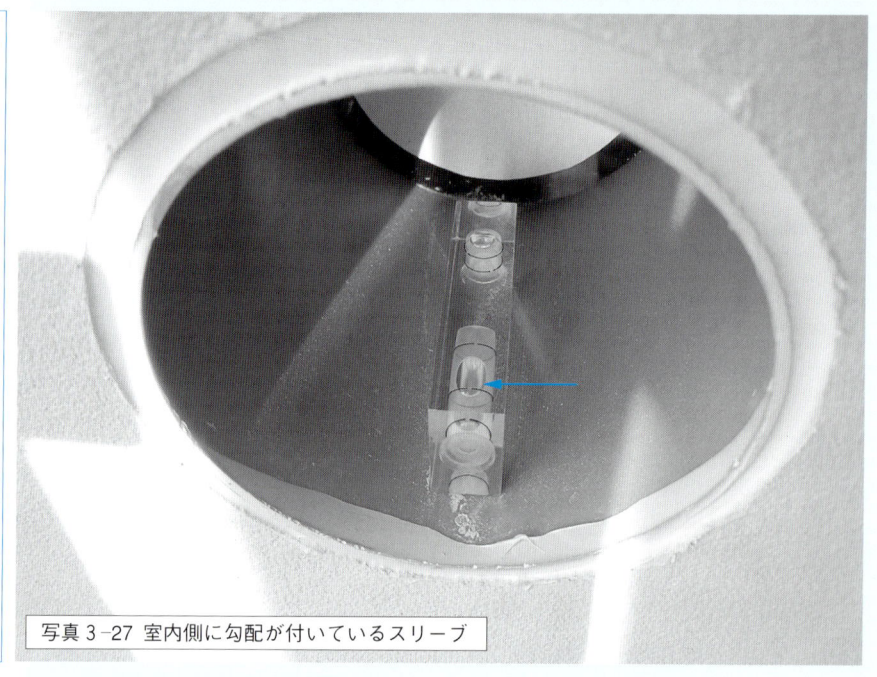

写真3-27　室内側に勾配が付いているスリーブ

❷耐力面材に開口を設ける場合は，面材のマニュアルを守ること

いわゆるシックハウス法（建築基準法第28条の2）の施行以来，以前に比べて外壁部に多数の開口部を設けた建物が増えています。開口寸法は最大でも150mm前後であり，それほど大きいものではありませんが，面材による耐力壁を避けて設けることがベストです。

ところが，耐力壁を避けた位置に開口部を設けることが可能であるにもかかわらず，耐力面材を貫通させている仕事が散見されます。なかには設計図がそうした位置を指示している場合も少なくありませんので注意していただきたいと思います。

ダクトを使わない第3種換気設備では，各室ごとに給気口が必要になりますが，これを窓の上部に設けることができるにもかかわらずめくら壁の部分に設けている設計が多いように感じます。

めくら壁は，耐力壁とされることが多く，その耐力性能を面材に期待している場合は，給気口の大きさや位置に注意してもらわなければ，所定の耐力を得られない場合がありますので注意が必要です。

図3-6は，あるMDFのメーカーの一つが発行しているマニュアルの抜粋ですが他の素材でも開口制限が設けられているものがあります。それぞれのメーカーのマニュアルを守った設計をしていただきたいと思います。

●換気扇等の開口を設ける場合，直径200mm以下を1箇所，または直径150mm以下を2箇所までとします。その際，穴あけ位置は，端部から50mm以上，穴あけ箇所間隔は70mm以上としてください。

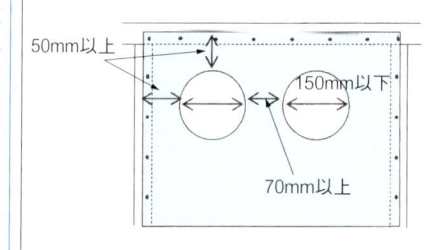

●大きな穴あけを伴う場合，45×60mm以上の下地材を取り付け，周囲は200mmピッチ以内で釘打ちを行ってください。その際，最大開口350×350mm以内に納めてください。

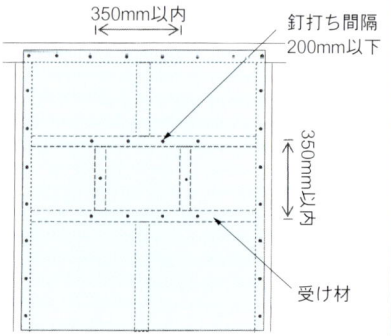

図3-6　MDFの開口制限の一例[17]

❸配線・配管を基礎部分で貫通させる場合にも注意すべき点がある

写真3-28や同3-29のように基礎部分で配管を貫通させることは、写真3-23や同3-24のような問題を解決する方法の一つですが、写真3-29はスリーブの間隔が近すぎるという問題があります。

こうした仕事が散見されますので、開口補強筋（図3-7参照）を設けることとともに、適切なスリーブ間隔を確保することを図面に明記していただきたいと思います。

建築基準法や公庫仕様書には、スリーブの間隔に関する規定はありませんが、基礎に複数のスリーブを接近して設ける場合は、その間隔に注意をする必要があります。

日本建築学会の『鉄筋コンクリート構造計算基準・同解説』に、「穴の連続するときはその間隔は穴径の3倍以上としたい」と書かれており、これを守ることが望ましいといえます。

写真3-29の仕事は、これを守っていないことが一目でわかると思いますが、住宅工事ではこうした仕事が少なくありません。

この点を図面に明記しておくことも重要ですが、職人さんや施工管理者に直接説明する機会をもつことが望ましいといえます。

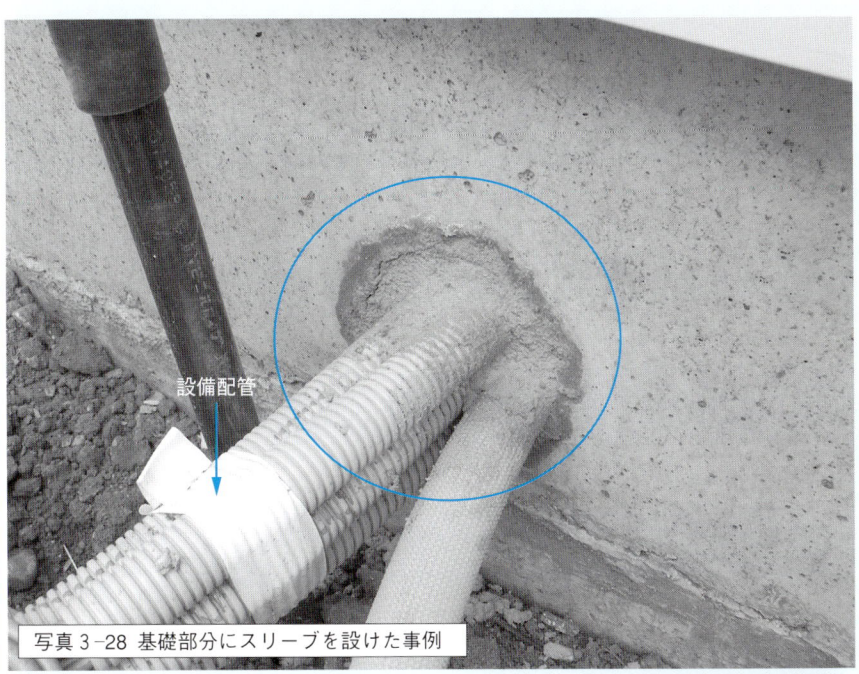

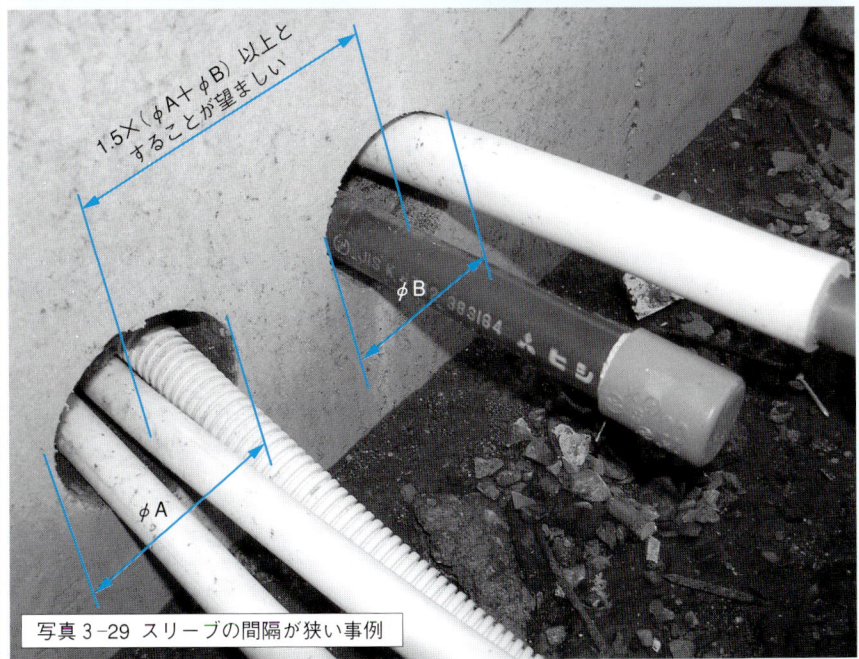

写真3-28 基礎部分にスリーブを設けた事例

$1.5 \times (\phi A + \phi B)$ 以上とすることが望ましい

写真3-29 スリーブの間隔が狭い事例

コンクリート打設後にダイヤモンドカッターで穴をあけている事例を散見しますが，写真3-30はそうした仕事の一つです。

しかしながらこの方法は，補強筋を入れることができないこと，補助筋を切断する可能性があること，などを考えると，最初からこの仕事を前提に設計すべきではありません。

写真3-31は，斫りによって開口を設けた仕事です。このケースでは非常に大きな開口があけられていますので，基礎の耐力が大きく損なわれているといわなくてはなりませんが，開口の大小には関わりなく，補強筋を設けることができない，という点も問題です。

配管ルートを明確にしておかないと，こうした仕事が生じがちであるということを念頭において設計にあたっていただきたいと思いますし，スリーブを設ける場合は，開口補強筋を設けることを明記していただきたいと思います。

次ページの図3-7に，開口補強要領の一例を掲載しておきますので参考にして下さい。

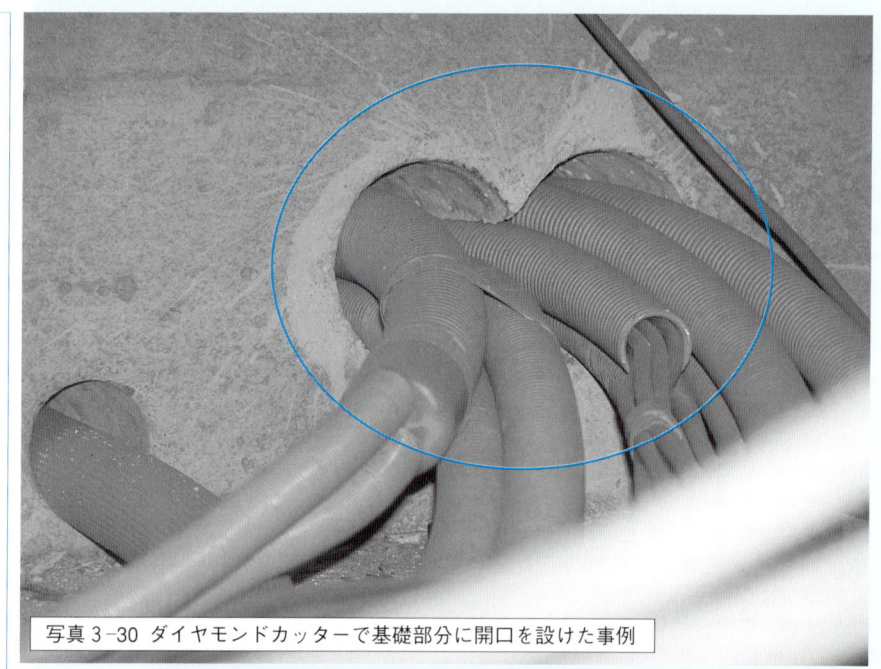

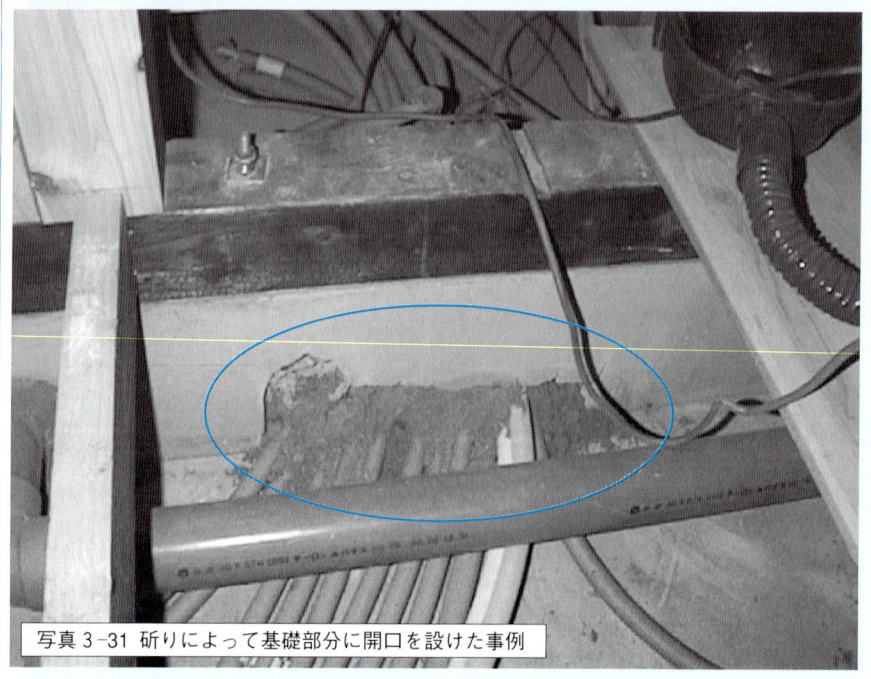

写真 3-30 ダイヤモンドカッターで基礎部分に開口を設けた事例

写真 3-31 斫りによって基礎部分に開口を設けた事例

貫通孔補強要項

$\phi \leqq D/3$ または $\phi \leqq D/4$ とする。

梁成 貫通孔径	D<450	D≦450 <600	600≦D <750	750≦D <900	900≦D <1200	1200≦D
φ≦50	―	―	―	―	―	―
50<φ≦100	C	―	―	―	―	―
100<φ<150	A	C	C	C	C [1]	―
150≦φ<200	/	A	A	A	A	C [1]
200≦φ<250	/	/	A	A	A	A
250≦φ<300	/	/	/	A	B	B
300≦φ<400	/	/	/	/	A	B
400≦φ<500	/	/	/	/	/	B
500≦φ<800 (人通孔)	/	/	/	/	/	B

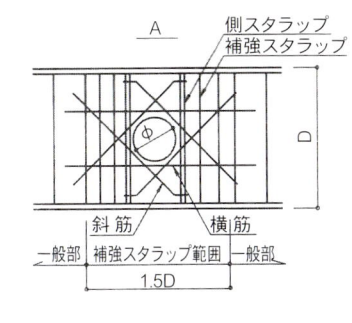

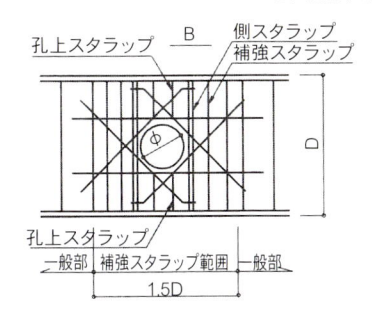

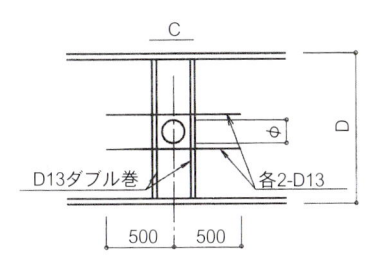

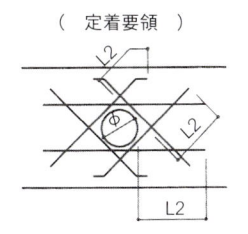

1) D≧1,000のときD13（シングル）とする。　　――は、補強不要　　／／は、貫通不可

A：側スタラップ／補強スタラップ／斜筋／横筋／一般部／補強スタラップ範囲／一般部／1.5D

B：孔上スタラップ／側スタラップ／補強スタラップ／孔上スタラップ／一般部／補強スタラップ範囲／一般部／1.5D

C：D13ダブル巻／各2-D13／500／500

（定着要領）L2

図 3-7　開口補強要領 [18]

6 釘の「はしあき寸法」への配慮があるか

❶合板の端部に寄りすぎた釘は，職人さんの腕が悪いためとばかりはいえない

　写真3-32の○印部分の釘が，合板の端部に寄って打たれています。これはツーバイフォー工法の仕事ですので，面材の耐力に期待をしているわけですが，このような釘打ちの状況では，架構の変形に抵抗できずに，図3-8の「c.合板の切れ」に示したように，合板が破断してしまうことがあります。

　また，93ページの写真3-35は，写真3-32とは逆に，ビスが合板の端部から離れ過ぎて打たれたために，下地材を外してしまった仕事です。

　いずれの場合でも，期待する耐力は得られないといわなくてはなりませんが，これは職人さんが雑な仕事をしているために生じていることなのでしょうか。あるいは職人さんには失礼な言い方になりますが，腕が悪いということなのでしょうか。筆者は，そうとばかりはいえないと考えます。

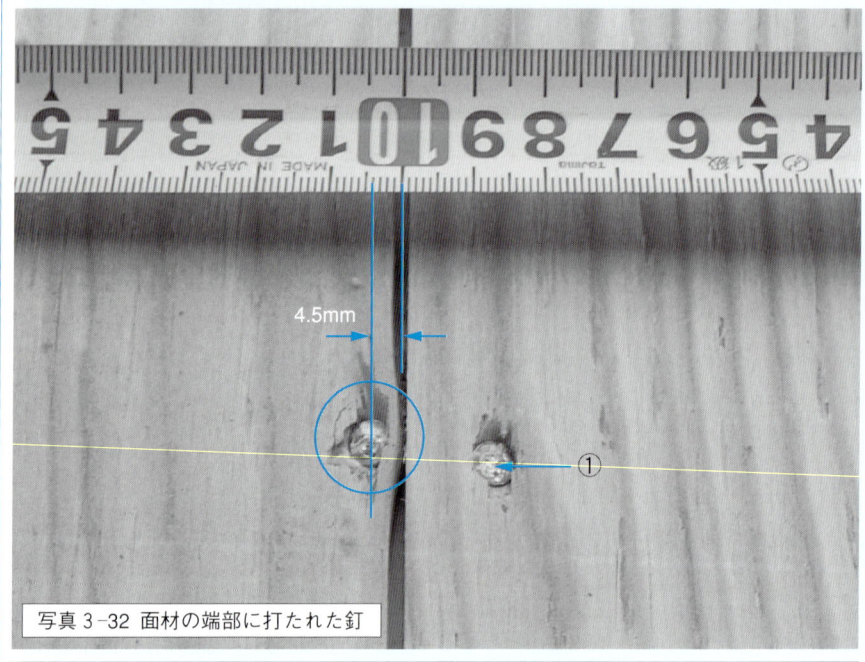

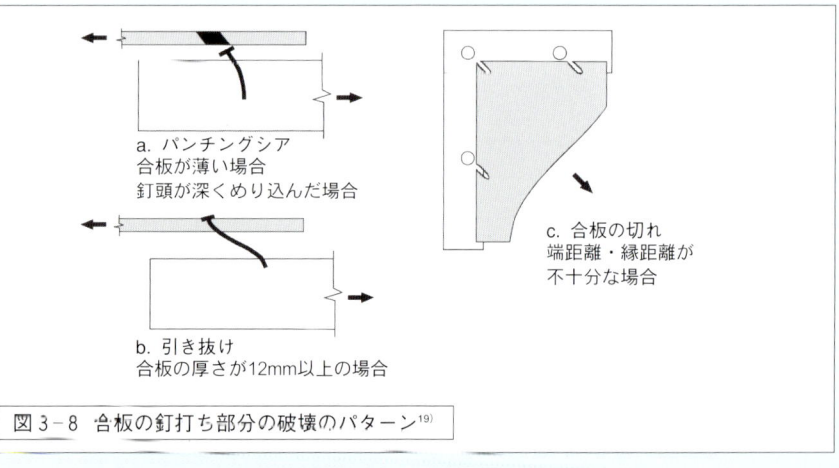

図3-8は，釘打ち部分が破壊されるパターンを図示したものです。本節で取り上げた内容は，このうちの「c.合板の切れ」ですが，「a.パンチングシア」や「b.引き抜け」にも注意が必要であり，以下にその概略を記しておきます。

「a.パンチングシア」が生じる原因は，写真3-32の①に見られるような釘のめり込みです。

自動釘打ち機が使用されるようになってから生じるようになった問題といえますが，現在は自動釘打ち機を使用していない仕事を見つけることが難しいほど普及していることを考えると，自動釘打ち機の使用を前提に，めり込み深さの許容値を定めておくことが必須といえます。

また，24mm前後の厚さの床下地板を使用するケースが増えてきていることから「b.引き抜け」に関しても，注意の目を向ける必要が出てきています。

在来工法の公庫仕様書では24mm以上の下地板には，N75釘を使用すればよいことになっていますが，厚さが30mmを超える下地板を使用する場合には，N75釘では長さが十分とはいえません。板厚の2.5〜3倍の長さの釘を使うことを指定しておくことが望ましいといえます。

写真3-32 面材の端部に打たれた釘

図3-8 合板の釘打ち部分の破壊のパターン[19]

a. パンチングシア
合板が薄い場合
釘頭が深くめり込んだ場合

b. 引き抜け
合板の厚さが12mm以上の場合

c. 合板の切れ
端距離・縁距離が不十分な場合

❷告示が規定している枠材の最低幅は，施工誤差を考えると小さ過ぎる

　ツーバイフォー工法で使用される枠材の見付け寸法は，国土交通省告示第1540号で38mm以上と規定されています。「以上」と規定されていますので，38mmより大きい枠材を使用することもできます。しかしながら，市場には38mmの枠材だけが流通しているといってよい状態にあり，幅の広い材を使いたい場合は，特別に注文しなくてはなりません。

　この38mmの枠材と合板の突付け部分との取り合いを作図したものが，図3-9Aですが，合板と枠材のそれぞれの端部から等しい位置に釘を打った状態を作図しています。この図の釘位置から5mmずれて打たれた状態を作図したものが，図3-9Bです。合板と枠材のそれぞれの端部からの最小値が4.5mm（○印部分）ということになりますが，これは写真3-32の○印部分の状態と同じであることがわかると思います。

　写真3-33のようにきっちりとセンターに打ってくれる大工さんもおり，5mmもずれてしまうような仕事をする大工さんは腕が悪い，という見方もあるとは思います。ただ，自動釘打ち機の使用が前提となっている現状を考えると，腕が悪いためばかりではなく，枠材の見付け寸法が小さいことのほうが大きな原因のように筆者には思えます。

合板の端部からの釘の位置に関しては，ツーバイフォーの公庫仕様書には「釘打ち等には，打ち付ける板等に割れが生じないよう適当な端あき及び縁あきを設ける（原文のまま）」と書かれているだけで具体的な数値は記載されていません。

ただ，金融公庫が監修している『枠組壁工法住宅施工マニュアル』の中に「端距離や縁距離は釘長さの1/4以上」との「目安」が記載されています。

これに従えば，CN50釘の長さは50.8mmですので，合板の端部からは12.7mm以上が必要となります。

しかしながら，38mmの見付け寸法の枠材では，これは実現不可能なことがわかると思います。

大工さんの腕の問題だけとばかりはいえない，と筆者が考えている理由の一つです。

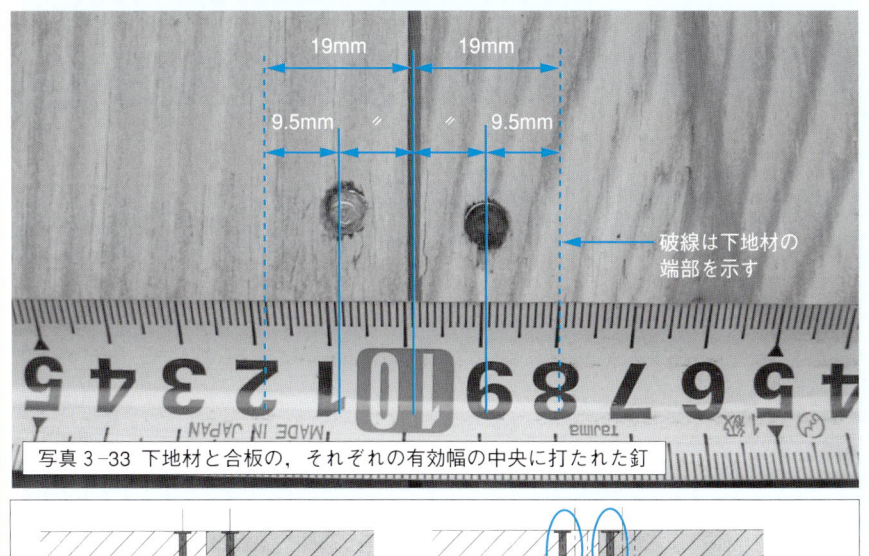

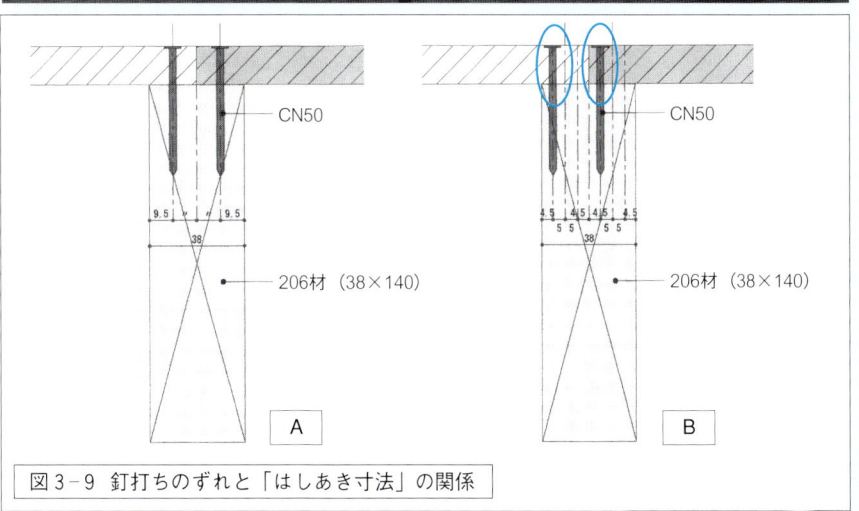

写真3-33　下地材と合板の，それぞれの有効幅の中央に打たれた釘

図3-9　釘打ちのずれと「はしあき寸法」の関係

写真3-34の○印部分の釘は，端に寄りすぎていたり，完全に外れている状態ですので，働きを期待できません。耐力上有効と考えられる釘の間隔は，AやBということになりますので，この仕事は仕様書で規定されている釘の間隔を大きく超えているという見方もできます。枠材の見付け寸法が小さい場合には，結果としてこうした仕事が行われがちなことを知っていただきたいと思います。

こうした仕事の責任を負うべきは大工さんだけでなく施工管理者や設計者も負わなくてはなりません。なぜなら，こうした仕事をする大工さんは，過去の現場でも同じレベルの仕事をしていたはずであり，指摘できる機会はいくらでもあったはずです。指摘を怠った結果がここに出ているといわなければならず，施工管理者はこの責任から免れることはできないと考えるからです。

一方，図面で指定した寸法の部材を使うこと（あるいは，図面では何も指定していないことから建築基準法や公庫仕様書の最低寸法を追認したこと）で，結果としてこうした問題が生じていることを考えれば，設計者も責任を免れることはできないと考えます。

ここで取り上げている問題は，施工上の問題ですが，設計者の問題でもあると理解していただきたいと思います。

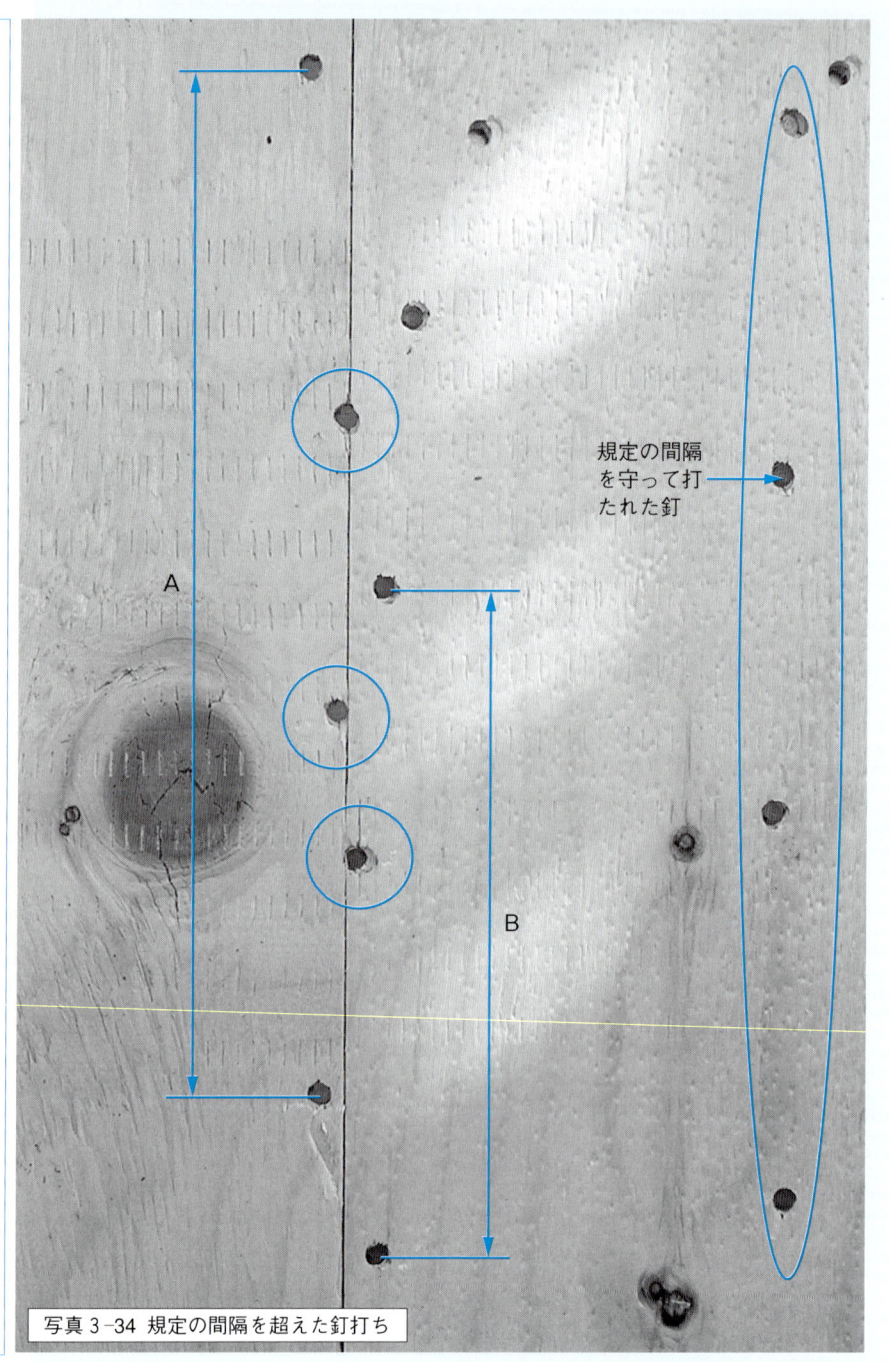

規定の間隔を守って打たれた釘

写真3-34 規定の間隔を超えた釘打ち

枠材の見付け寸法が小さいと，写真3-35の○印部分のように，ビスや釘が外れてしまうという問題も生じます。

大工さんは釘がきちんと打てたかどうかが手ごたえでわかるようですので，このようなケースでは，たいていは増し打ちをしてくれます。

ただ，1994年に発生したロスアンゼルスのノースリッジ地震では，ツーバイフォー工法の枠材が縦に裂けるという被害が生じたようです。

これは釘の打ち過ぎによりピッチが狭すぎたことが原因の一つといわれているようですので，増し打ちしてもらえればよい，と安易に考えないようにしていただきたいと思います。

写真3-36は，ツーバイフォー工法の公庫仕様書の規定（@100mm）の3～4倍の釘が打たれています。

仕様書には，最小間隔は規定されていませんので，この仕事は仕様違反ではありません。また，このような間隔での釘打ちでも，問題のないことを実験などによって確かめているのであれば，こうした釘打ちでも否定はできません。

ただ，上記のような問題を避けるためには，釘の最小間隔の指定が必要なことも理解していただきたいと思います。

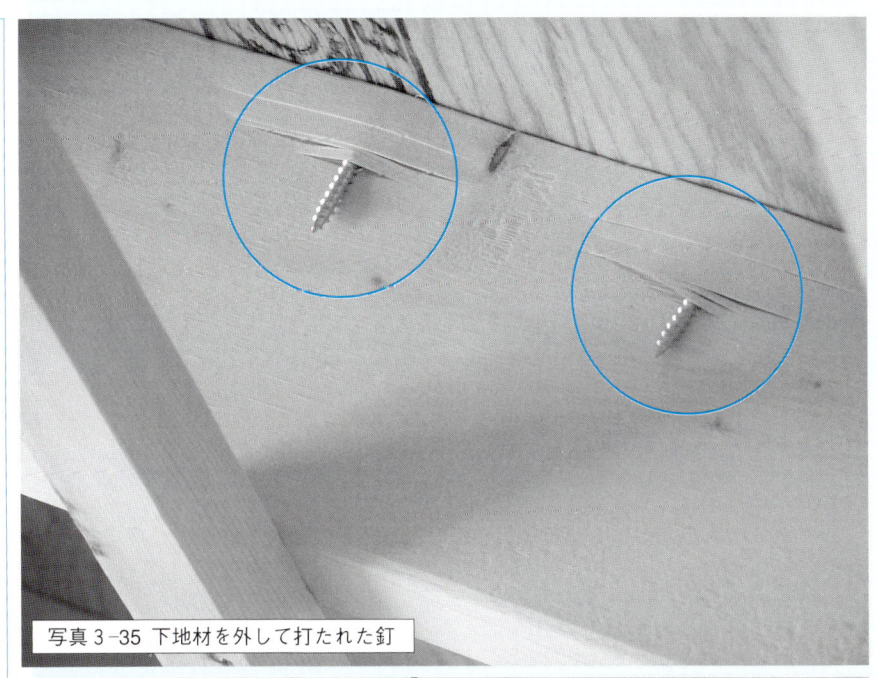

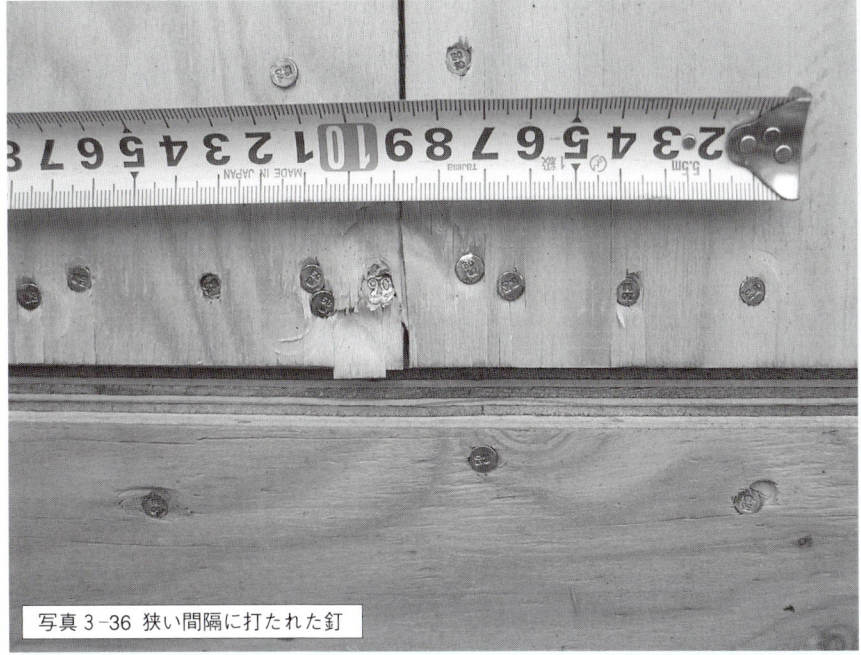

写真3-35 下地材を外して打たれた釘

写真3-36 狭い間隔に打たれた釘

❸ 現場の実情を把握した上で、実現可能な対策を施工者と協議する

　写真3-37に写っているのは、面材の四周に枠材が取り付けられている工場製作のパネルです。面材を若干ずらして組み立て時の施工精度を確保していますが、これを図に示すと、図3-10Aのようになります。図3-9Bと同程度の施工誤差が生じた場合は図3-10Bのようになりますが、釘から端部までは11.5mm残ります。91ページで述べた『枠組壁工法住宅施工マニュアル』の規定値（12.7mm）には1.2mm不足しますが、対策の一つとして検討する価値は十分にあると思います。

　大工さんに誤差の少ない仕事を求めることがまず第一に必要ですが、現場の状況から見て、それだけでは施工品質の確保に無理がある場合は、ある程度の誤差が生じても、それを吸収することのできる納まりを施工者と協議をするなかで見つけていただきたいと思います。

38mmの見付け寸法の下地材を使用している施工会社が大半だと思いますが、そうした施工会社の仕事の全てで、はしあき寸法の不足が生じているわけではありません。

写真3-33のような仕事をしてくれる大工さんもいますので、そうした大工さんに仕事をしてもらえることがわかっている場合には、わざわざ図3-10のような仕様に変更する必要はありません。

ただ、問題が生じているケースのなかには、38mmの下地材の使用を考え直さなければ改善が期待できない場合もあるはずです。

仕様変更の結果がそのまま建築主への費用増となることは避けなければなりませんので、慎重に検討しなければなりませんが、現場の実情を踏まえての話し合いを行えば、前向きに取り組まない施工会社はないと思います。

そうした施工会社の姿勢を引き出すためには、まず設計者が現場の実情を知らなければならないことを理解していただきたいと思います。

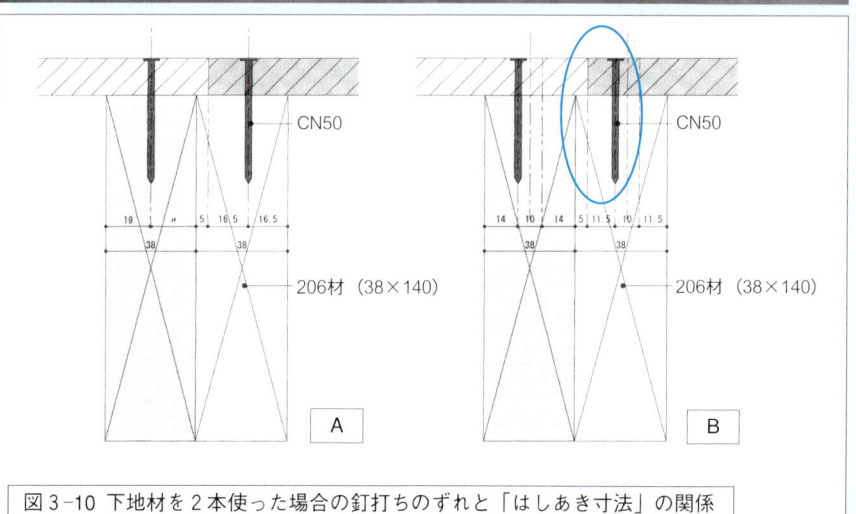

写真3-37 枠材を面材の周辺に取り付けた事例 （撮影：三宅貴仁）

図3-10 下地材を2本使った場合の釘打ちのずれと「はしあき寸法」の関係

❹在来工法でも，釘のはしあき寸法への配慮が必要である

図3-11は，床の剛性を面材に期待する場合の，在来工法の公庫仕様書の解説図です。

在来工法の根太の見付け寸法は，45mmが使われるケースが大半ですが，①部分では根太の上で合板を突き付けており，図3-12Aはその状態を作図したものです。ツーバイフォー工法で使われている材より幅が7mm大きいだけですが，図3-9と比べると「はしあき寸法」に若干の余裕があることがわかると思います。

在来工法に関しては，筆者の知る範囲では，写真3-32や同34，35に見られるような問題は生じていませんが，設計者自らが現場でどのような仕事が行われているかを確認した上で，適切な部材寸法を定めていただきたいと思います。

> ツーバイフォーと同程度の施工誤差が生じていると考えれば，図3-12Bのような仕事が生じていることになります。筆者はここまで端部に寄った仕事を見たことがありませんが，読者の周辺の現場の状況を見た上で適切な部材寸法を定めていただきたいと思います。
>
> 在来工法の公庫仕様書の本文には，はしあき寸法に関する規定はありませんが，図3-11が解説図として掲載されています。ただ，この図の②部分の規定を①部分に適用すると，図3-12Cのようになってしまいます。
>
> 単純に公庫仕様書の規定を守ることを求めるだけでは，かえって不適切な仕事を生じさせてしまう場合があることを次ページで説明します。

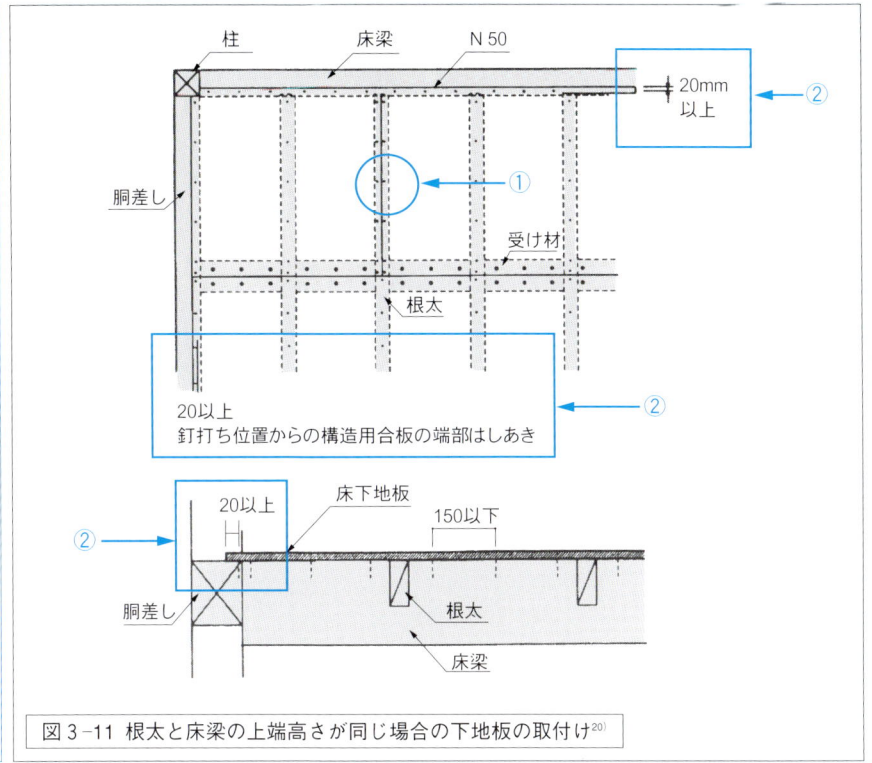

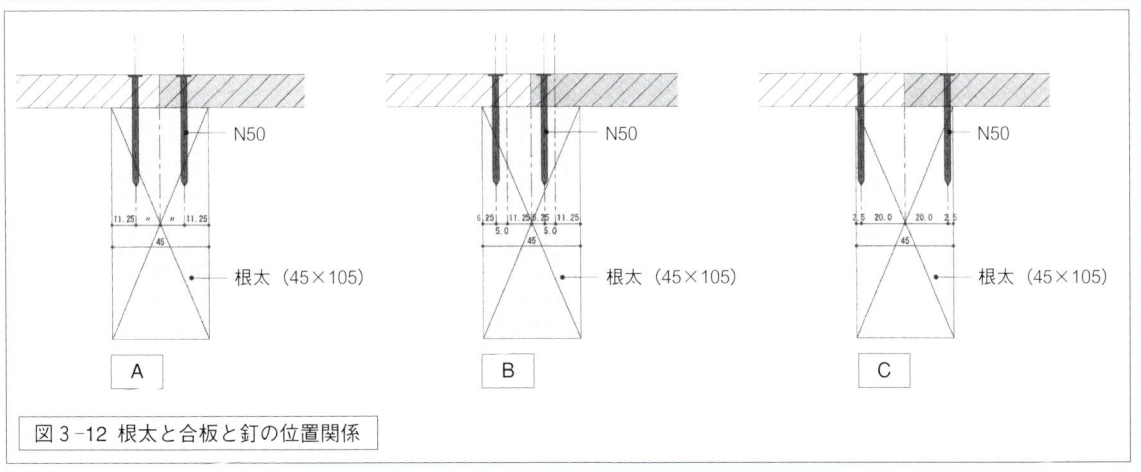

図3-11 根太と床梁の上端高さが同じ場合の下地板の取付け[20]

図3-12 根太と合板と釘の位置関係

❺ **公庫仕様書の規定を守ることを強要すると，不適切な仕事を生じさせてしまう場合がある**

在来工法の公庫仕様書の「5.8.7 火打ちばりを省略する場合の床組みの補強方法」の項の「4.」の「ニ」には，「床下地の張り方は…（中略）…千鳥張りとし胴差及び床ばりに20mm以上のせて釘打ちする」と規定されています。

この規定の最低寸法である20mmの位置に置いた合板に，前ページの図3-11の②の規定に従った釘を打つと，図3-13Aのようになってしまいます。ただ，経験の少ない大工さんでもこうした仕事はしませんし，910mmグリッドに載せたプランニングを行って，910mm×1,820mmの合板を使用すると，特別のことがない限り，図3-13Bの位置に合板が置かれますので，まず問題は生じません。

ただ，910mmグリッドを外れたスパンでプランニングを行った場合に，公庫仕様書の規定を守ることを求めると，不適切な仕事が生じる可能性がありますので注意が必要です。

柱と横架材を緊結する接合金物を設ける場合に，柱心に取り付けることができないために，写真3-38のように柱心からずらして取り付けている仕事を散見します。

74ページでも述べたように，柱心を外して取り付けた金物には，所定の耐力を期待できない可能性がありますので，こうした場合は合板を切り欠いて金物を取り付けるなどの処置方法を指定しておくことが望ましいといえます。

なお，この仕事では，①と②に同じ長さのビスを使用しています。この金物を合板の上から取り付ける場合は，②の部分には，長いビスを使用しなければ所定の耐力を得ることができません。

上記の点も含めて，金物の取付け標準図を描いておくことも一つの方法ですが，こうした写真を職人さんや施工管理者に見せながら注意を与えておくことも，問題の発生を未然に防ぐことに効果があります。

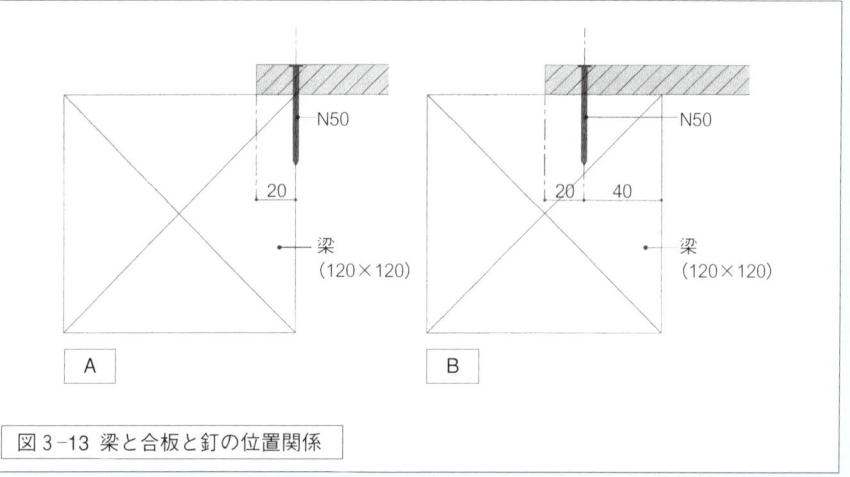

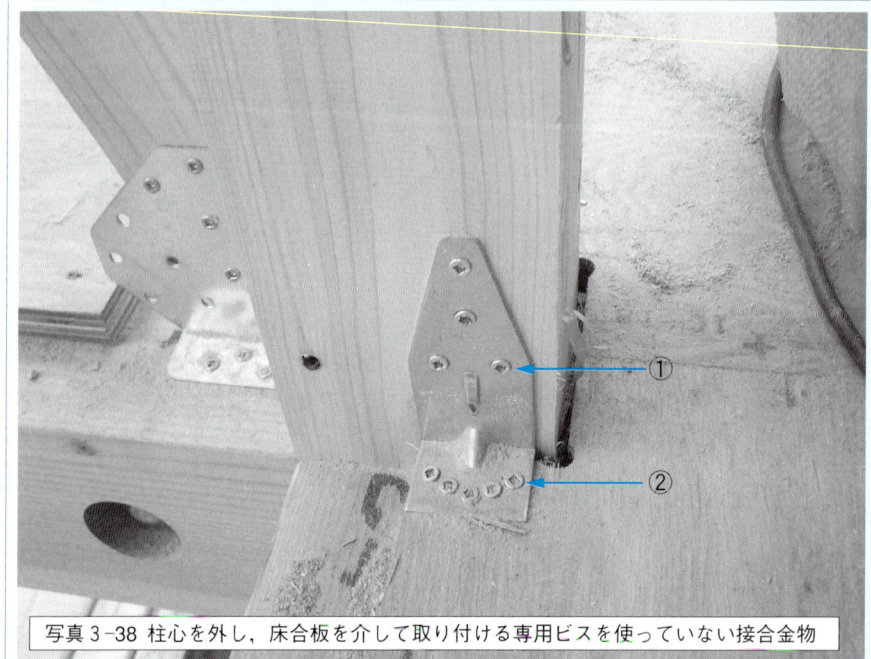

図3-13 梁と合板と釘の位置関係

写真3-38 柱心を外し，床合板を介して取り付ける専用ビスを使っていない接合金物

7 フック付き鉄筋の使用への配慮があるか

❶フック付き鉄筋を使用した仕事にかぶり厚さの不足がよく見られる

写真3-39の仕事は,法の規定の「かぶり厚さ」を満たしていませんので,手直しをせずにこのままコンクリートを打設した場合は,欠陥工事といわなくてはなりません。

一般に欠陥工事は,職人さんや施工管理者の意識が低いことから生じるという理解がありますが,設計者のほうにより大きな責任があるといわなければならない場合があります。例えば,フック付き鉄筋の使用を指定しているにもかかわらず,基礎幅を120mmとしている場合などがそれにあたります。

平成12年建設省告示第1347号では,基礎の立上り幅は120mm以上あればよいことになっており,公庫仕様書にも同様の記述があります。

しかしながら,基礎幅を120mmとしてフック付きの鉄筋を使用するように指定すると,40mmのかぶり厚さを確保することができません。

写真3-40のフックの幅は約50mmあります。「鉄筋コンクリート造配筋指針」には,フックの内法直径は3d以上(dは異形鉄筋の呼び名の数値ですので,10Dを使用した場合は30mmということになります)と規定されており,フックの幅はこれ以上小さくできないことがわかると思います。

このことから,基礎幅を120mmとしているにもかかわらず,フック付きの鉄筋を使用するように図面で指定したケースでは,「かぶり厚さ」不足の最大の責任は設計者にあるといわなくてはなりません。

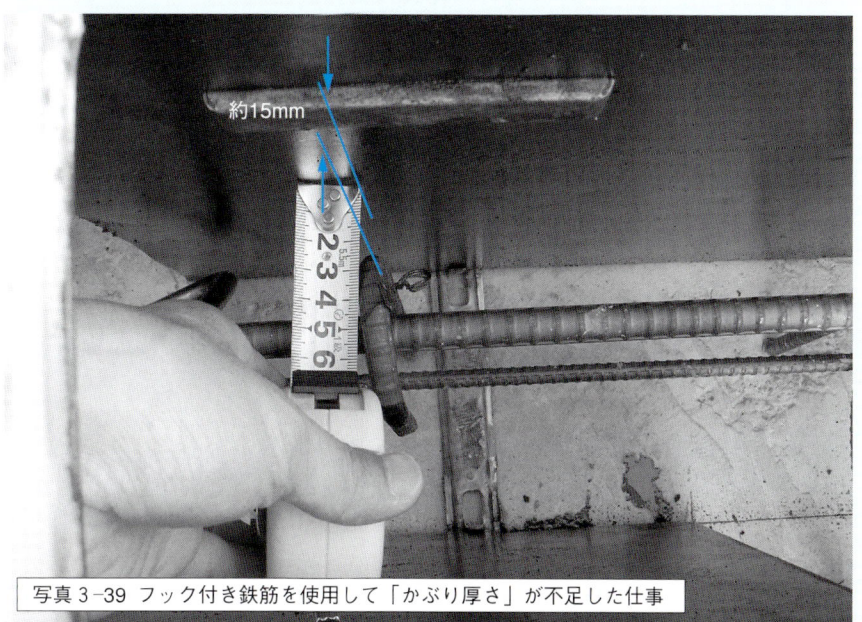

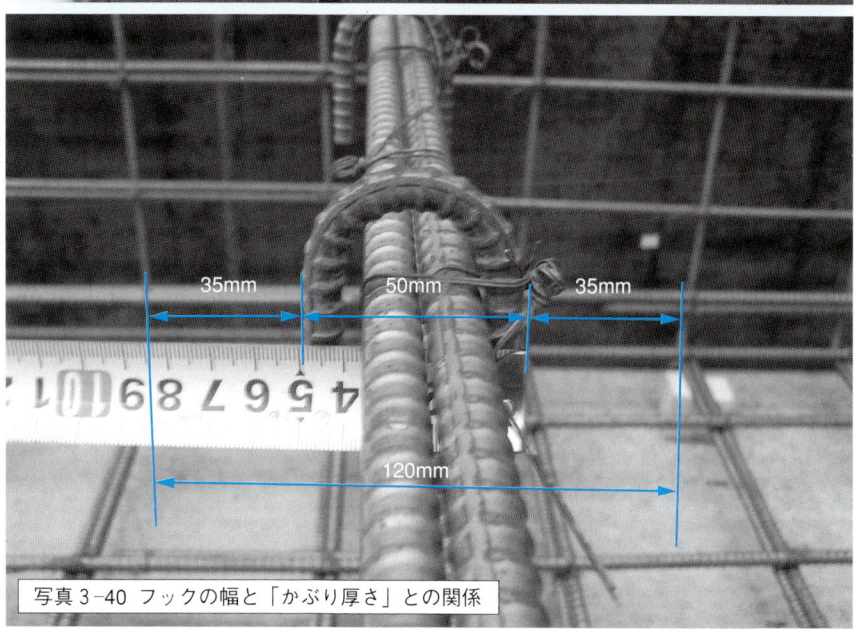

写真3-39 フック付き鉄筋を使用して「かぶり厚さ」が不足した仕事

写真3-40 フックの幅と「かぶり厚さ」との関係

前ページの写真3-40は，現場で鳶さんが曲げ加工をして組み上げた仕事ですが写真3-41は○印部分に溶接部が見えますので，既製品を使用していることがわかると思います。

D10を使った場合，前述したように，フックの幅は50mmが最小ということになりますが，この写真の仕事のように，60mm前後の製品が使われることもあり得ると考えておく必要があります。

これに施工誤差も含めて考えると，フック付きの鉄筋の使用を前提とした場合の基礎幅は，170〜180mmとしておかないと，かぶり厚さを確保することが困難になると考えていただきたいと思います。

写真3-41 フックの幅が60mmの既製品を使用している仕事

写真3-42は，フック幅が60mm，基礎幅を150mmとした仕事です。

この場合は，鉄筋が中央にセットできれば，左右それぞれに法の規定値から5mmの余裕があることになりますが，結果として片側に5mmのかぶり厚さ不足が生じています。

10mmの施工誤差が生じたことになりますが，筆者の経験からいえば，基礎工事の誤差はcm単位であり，その点からいえば，この仕事は予想された施工精度のなかに納まっているといえます。

職人さんには精度の確保に努力してもらわなければなりませんが，一定程度の誤差が生じても，法の規定を守ることができる基礎幅としておくことが，問題の発生を防ぐことにつながると考えていただきたいと思います。

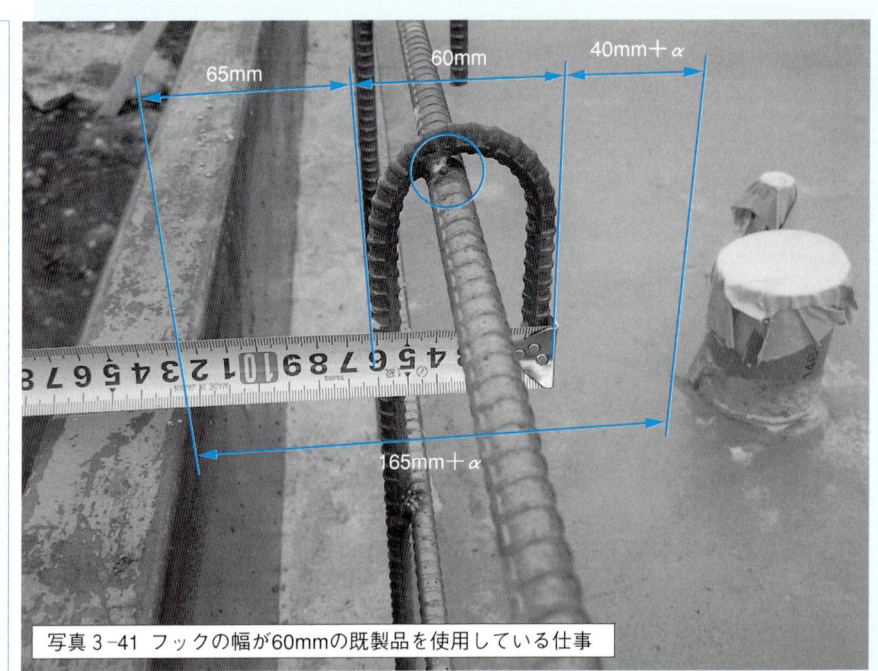

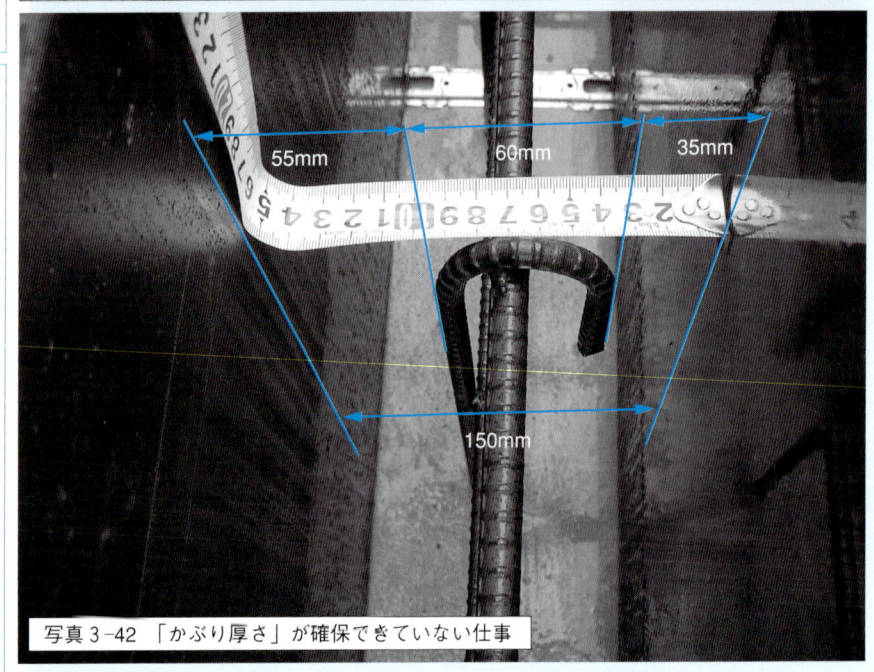

写真3-42 「かぶり厚さ」が確保できていない仕事

❷ フックを設ける場合は その形状にも注意が必要である

　図3-14は，平成17年版の在来工法の公庫仕様書に掲載されている基礎配筋図です。この図にはフックが描かれていませんが，以前の公庫仕様書にはフック付きの図（図3-15参照）が掲載されていました。
　フックを設けなくとも，異形鉄筋を使用すればコンクリートに定着されると考えられますので，フックのないユニット鉄筋の使用を指定しても問題はありません。また，フック付き既製品も市場に出回っていますが，そうした製品を指定してももちろん問題はありません。どちらを指定しても耐力上の問題はないと筆者は考えていますが，前述したように，後者の場合には基礎の幅に注意が必要です。
　写真を見ればわかると思いますが，フックの内径が作図できる程度の縮尺でこの部分を描いて見ると，この問題をより実感してもらえると思います。
　次ページの図3-16は，原寸で描いた図を縮尺して掲載していますが，法や仕様書が規定している120mmはもちろん，施工誤差を考えると，150mm幅であってもかぶり厚さの確保には不十分ということを実感して下さい。

建築基準法施行令第73条第1項には，以下のような規定があります。

鉄筋の末端は，かぎ状に折り曲げて，コンクリートから抜け出ないように定着しなければならない。ただし，次の各号に掲げる部分以外の部分に使用する異形鉄筋にあっては，その末端を折り曲げないことができる。
一　柱及びはり（基礎ばりを除く。）の出すみ部分
二　煙突

ただし書部分は，否定の否定という形で書かれているために少しわかりにくくなっていますが，異形鉄筋を使用する場合には，上記の一と二に書かれている部分以外にはフックは不要ということになります。

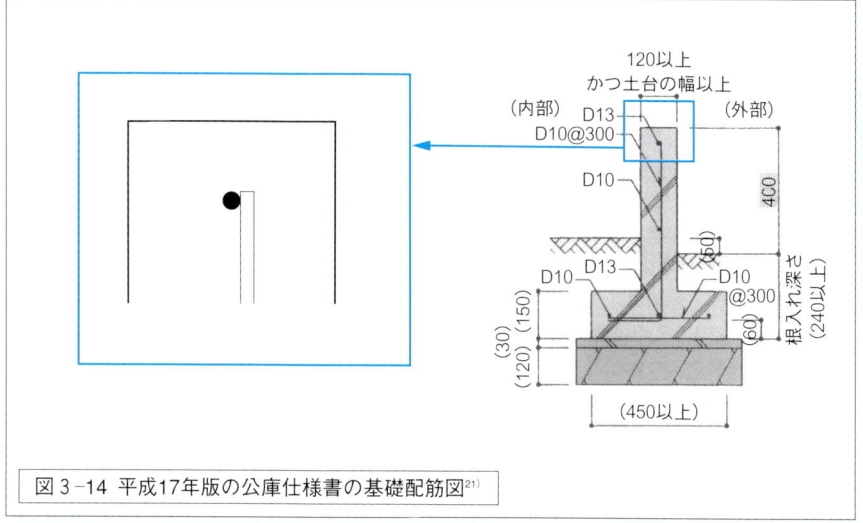

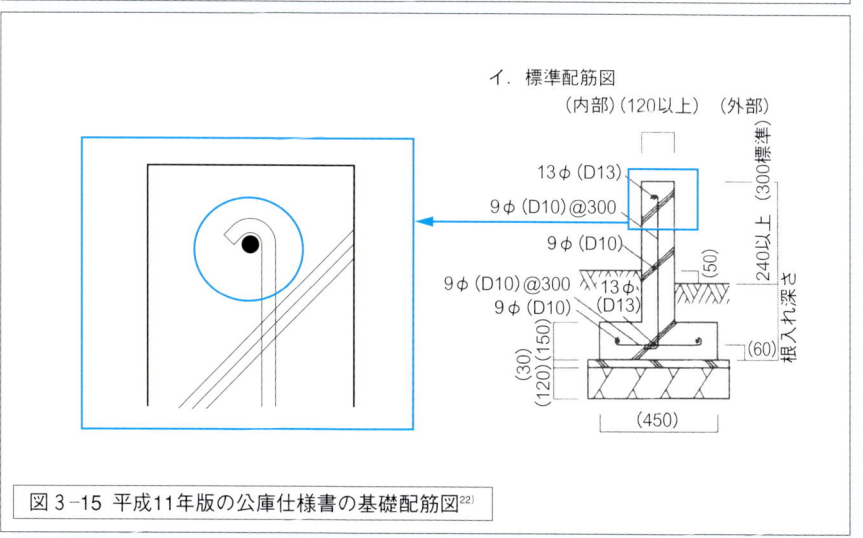

図3-14 平成17年版の公庫仕様書の基礎配筋図[21]

図3-15 平成11年版の公庫仕様書の基礎配筋図[22]

❸フックの形状が正確に描かれていない文献もあり注意が必要

　図3-16Aは，内径3dで180度のフックを付け状態を描いています。10mmの余裕がありますが，写真3-39と同程度の施工誤差が生じると，かぶり厚さの不足を生じます。

　図3-16Bは写真3-41と同じ配筋です。施工誤差を5mm以内にできれば問題はありませんが，これは言葉でいうほど簡単ではありません。

　図3-16Cは，内径3dで135度のフックを付けたケースです。この場合は，余長が6d必要ですので，かぶり厚さの不足を生じることがわかると思います。前ページの図3-15は，135度のフックを付けた図（○印部分）のようにも見えますが，そうだとすれば余長が不足していることになります。

　150mm幅の基礎と鉄筋の状態を説明しましたが，図3-15や図3-17との違いを読み取って下さい。

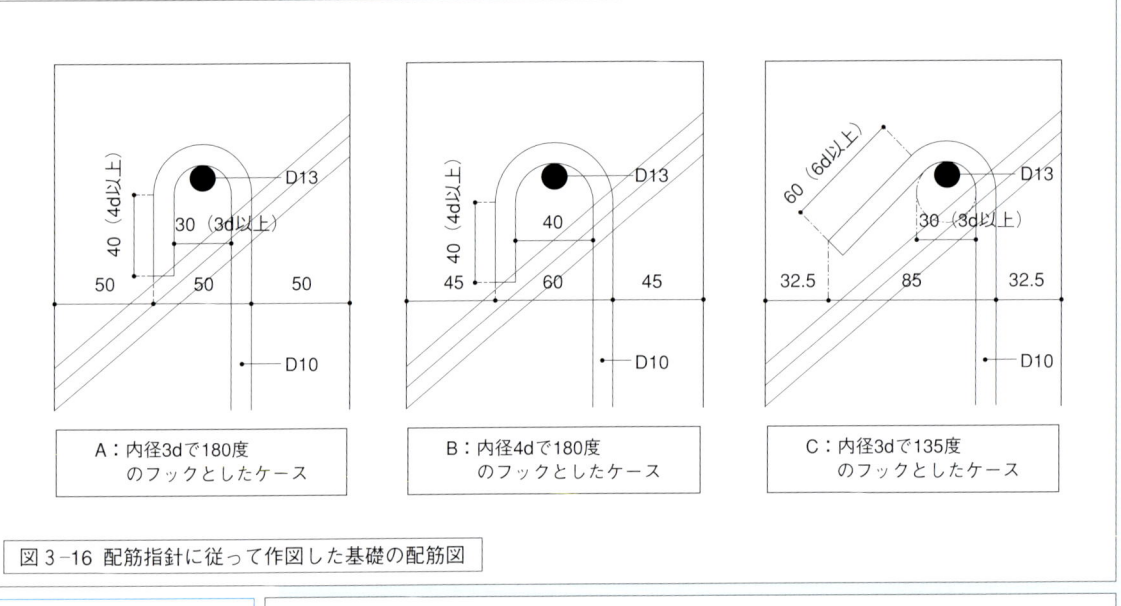

A：内径3dで180度のフックとしたケース

B：内径4dで180度のフックとしたケース

C：内径3dで135度のフックとしたケース

図3-16　配筋指針に従って作図した基礎の配筋図

図3-17は，フック付きの配筋が描かれている文献の一例です。図3-16と比べると，フックの内径が不正確なことがわかると思います。

どのような場合でも正確に描かれることが望ましいことではありますが，この図は配筋詳細図として描かれたものではありませんのでその点を考慮する必要があります。

文献の意味するところを読み取って，間違った情報に左右されないよう注意していただきたいと思います。

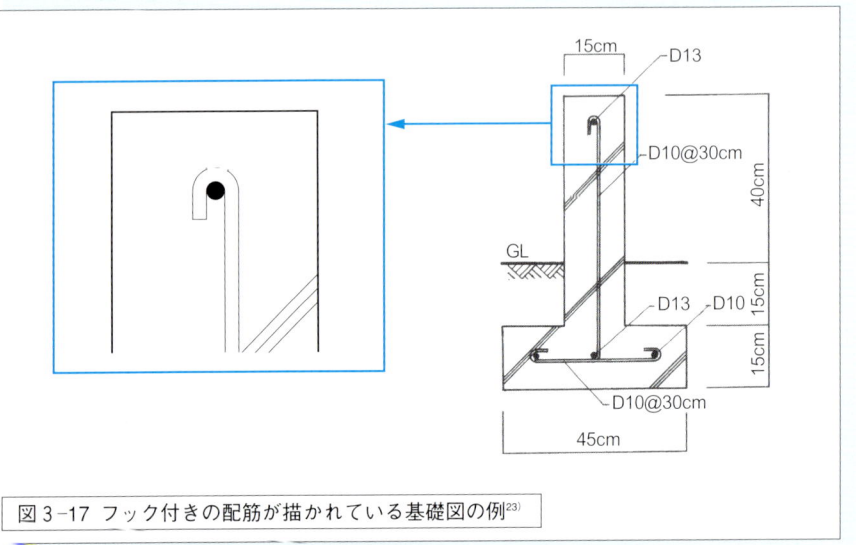

図3-17　フック付きの配筋が描かれている基礎図の例[23]

あとがき──欠陥工事を生まない設計図を目指して

設計図通りの仕事を求めることだけにこだわってはならない

建築士法第2条6項には,「この法律で工事監理とは,その者の責任において,工事を設計図書と照合し,それが設計図書のとおりに実施されているかいないかを確認することをいう」と書かれています。また,同法第18条4項には「工事監理を行なう場合において,工事が設計図書のとおりに実施されていないと認めるときは,直ちに,工事施工者に注意を与え,工事施工者がこれに従わないときは,その旨を建築主に報告しなければならない」とも書かれています。

この規定に従って施工者に「図面通りの仕事」を求めている設計者が大半だと思いますし,筆者も基本的には異論ありません。ここで「基本的に」と注釈を入れたのは,本書をお読みいただいた読者にはすでにおわかりだと思いますが,図面通りにつくることが欠陥工事を生んでしまうという現実にも目を向けてもらわなければならないと考えているからです。

建築士法でいうところの設計図は,設計者の意図はもちろん,納まり上においても何の支障もなく工事が進められる完璧な設計図を指しているように筆者には思われます。もし,そのように完璧な設計図が描けているならば,「図面通りの仕事」を求めるべきです。しかしながら,そもそもそのような設計図をわれわれ設計者はいつも描けていると断言できるでしょうか? 誤解をおそれずにいえば,完璧な設計図は設計者が永遠に到達し得ない高みにあります。

筆者は,図面通りの仕事を施工者に求めるだけでなく,施工者の前向きな意見や工夫を取り入れることが,建築主にとっての良い建物の実現につながると感じています。施工者と設計者の良い意味での共同作業が行われる環境を整えることも,設計者の役割の一つだと考えていただけたらと思います。

現場の実情を知ることが欠陥工事を生まない設計図への第一歩になる

設計者として,設計図に描き切れていない点や納まりが十分検討されていない部分がある,というスタンスに立つことができれば,欠陥工事の問題の半分は解決したと言っても過言ではありません。そうしたスタンスで現場と向き合うことができれば,本書が目指した「欠陥のない住まいづくり」が実現できるはずだからです。

本書で取り上げた欠陥工事は,施工現場でよく見られるものですが,それらは欠陥工事の一部に過ぎません。欠陥工事の発生場所やその形態は多種多様です。もし読者が,今まで現場に長時間留まったことがなかったなら,10分でもよいですから,今までより滞在時間を延ばしてもらえれば,気付いていなかった問題が目に入ってくるはずです。その際に「施工品質を守る」という視点をもって見ていただくと,法律や仕様書が具体的な数値基準を示して規定していない内容が多いことに気付くと思います。

問題意識をもって現場を見ることができれば,設計にフィードバックすべきことが必ず見えてくるはずです。その際に,現場で施工管理者や職人さんと直接話し合う機会をもってもらえれば,施工者との良い意味での共同作業

につながっていくはずですし，それは設計者自身にとっても問題への理解がさらに深まるという点で意義のあるものになるはずです。そして，それは欠陥工事を生まない設計図を描くことへの確かな第一歩にもなるはずです。

　本書の執筆にあたっては，多くの方々のご厚意とご協力をいただきました。この場をお借りして厚くお礼を申し上げます。とりわけ，写真やデータの掲載をご了解下さった方々のご厚意と，戸田建設の中村茂氏から構造に関する記述についてのご意見を頂戴できたことは感謝に耐えません。

　再び執筆の機会を与えて下さった井上書院の関谷勉社長のご厚意に感謝するとともに，私事で恐縮ですが，私を支えてくれた妻と子供たちに感謝して筆を置きます。

　　　　　　　　　　　　　　　　　　　　　　　　2007年2月　　力石眞一

●引用文献

1) 住宅金融公庫監修，新井新吉『枠組壁工法住宅施工マニュアル』住宅金融普及協会，139頁，枠組材の欠き込み制限と補強方法，2002
2) 日本ツーバイフォー建築協会『枠組壁工法建築物防水施工の手引き』16〜19頁，棟違い屋根，2004
3) 住宅金融公庫監修『木造住宅工事仕様書・平成17年改訂』住宅金融普及協会，85頁，参考図6.2.2-1下ぶき工法，2005
4) 住宅金融公庫監修『木造住宅工事仕様書・平成14年度版』住宅金融普及協会，76頁，参考図6.2.2-1下ぶき工法，2002
5) 住宅金融公庫監修『木造住宅工事仕様書・平成17年改訂』住宅金融普及協会，126頁，参考図8.9.1小屋裏換気孔の設置例，2005
6) 住宅保証機構『性能保証住宅標準仕様・平成16年改訂版』34頁，参考図2.2.4図バルコニーの防水例，2004
7) 京都市都市計画局建築指導部審査課「中間検査制度実施に係る〈木造2階建て住宅〉の確認申請添付図書について」2002
　http://www.city.kyoto.jp/tokei/sinsa/8_downroad/818_tyuukann_moku2.pdf
8) 安藤剛「トラブル・また大量に判明，木造戸建て住宅の壁量不足」日経アーキテクチュア，42頁，日経BP社，2006.10.23
9) 日本住宅・木材技術センター編集『木造住宅用接合金物の使い方』58頁，図Ⅲ-1・2階建ての軸組モデルによる柱の仕口（告示の表から求めた場合），59頁，図Ⅲ-2・2階建ての軸組モデルによる柱の仕口（算定式から求めた場合），2001
10) 横浜市まちづくり調整局，建築・宅地指導センター，建築審査課「N値計算による筋かい配置のパターン」
　http://www.city.yokohama.jp/me/machi/center/kenchiku/kensa/shosiki/2tuwari.xls
11) 『地震に強い木造住宅パーフェクトマニュアル』エクスナレッジ，32頁，改正建築基準法の仕様規定を整理する・②偏心率0.3の根拠，2003
12) 力石眞一・中村茂『品質を守る木造住宅の計画と設計』井上書院，54頁，図4-12偏心率が大きい2階の位置，2002
13) 日経ホームビルダー編「実録住宅事件簿・不同沈下の責任を巡るトラブル」日経BP社，52〜59頁，2002
14) 吉見吉昭「地盤と建築基礎/スウェーデン式サウンディング/おもり自沈の場合のおもり重量とN値の関係」http://homepage2.nifty.com/yoshimi-y/sweden.htm
15) 日本建築学会編集『建築士のためのテキスト小規模建築物を対象とした地盤・基礎』日本建築学会，46頁，付表1木造住宅の許容沈下量，2006
16) 住宅金融公庫監修『木造住宅工事仕様書・平成17年改訂』住宅金融普及協会，114頁，参考図7.4.6-1特殊な床・バスユニット下部の断熱施工例，2005
17) ホクシン「構造用スターウッド施工資料」
18) 現場施工応援する会編『建築携帯ブック配筋』井上書院，65頁，大梁貫通補強②貫通孔補強要領，2000
19) 日本合板工業組合連合会ホームページ「構造用合板の手引き/構造用の釘せん断強度実験データ/図41.釘接合部の破壊モード」
　http://www.jpma.jp/shiryo/tebiki_kouzou/35_37.pdf
20) 住宅金融公庫監修『木造住宅工事仕様書・平成17年改訂』住宅金融普及協会，82頁，参考図5.8.7-3根太と床ばり（胴差）の上端高さが同じ場合の下地板の取り付け，2005
21) 住宅金融公庫監修『木造住宅工事仕様書・平成17年改訂』住宅金融普及協会，住宅金融普及協会，30頁，参考図3.3.2-2布基礎詳細，2005
22) 住宅金融公庫監修『木造住宅工事仕様書・平成11年度版』住宅金融普及協会，20頁，参考図3.3.2布基礎詳細，1999
23) 日本建築学会編集『建築士のためのテキスト小規模建築物を対象とした地盤・基礎』日本建築学会，54頁，図3.3布基礎の断面，2006

●参考文献
（1）住宅金融公庫監修，新井新吉『枠組壁工法住宅施工マニュアル』住宅金融普及協会，2002
（2）日本ツーバイフォー建築協会『枠組壁工法建築物防水施工の手引き』2004
（3）住宅金融公庫監修『木造住宅工事仕様書・平成17年改訂』住宅金融普及協会，2005
（4）住宅金融公庫監修『枠組壁工法住宅工事仕様書・平成17年改訂』住宅金融普及協会，2005
（5）FRP防水材工業会編集「木造住宅バルコニーFRP防水施工標準仕様書」2005
（6）力石眞一・中村茂『品質を守る木造住宅の計画と設計』井上書院，2002
（7）住宅保証機構『性能保証住宅標準仕様・平成16年改訂版』2004
（8）日本住宅・木材技術センター編集『木造住宅用接合金物の使い方』2001
（9）日本建築学会編集『建築士のためのテキスト小規模建築物を対象とした地盤・基礎』日本建築学会，2006
（10）日本建築学会編集『小規模建築物基礎設計の手引き』日本建築学会，1998
（11）地盤工学会地盤調査法改訂編集委員会『地盤調査の方法と解説』地盤工学会，2004
（12）里川長生『わかりやすい木造設計の手引』新日本法規出版，2005

力石眞一

1971年,武蔵工業大学工学部建築学科卒業／同年,清水建設株式会社設計2部／1989年,生活文化施設担当建築設計部・教育施設設計担当課長を経て,力石眞一建築設計事務所設立,現在に至る。

一級建築士
日本建築学会正会員
著書
『品質を守る木造住宅のつくり方』井上書院（2000）
『品質を守る木造住宅の計画と設計』（共著）井上書院（2002）
『欠陥住宅をつくらない施工会社を見つける方法』ニューハウス出版（2006）

執筆にご協力下さった方々
マルイ木材株式会社
所在地　東京都東村山市久米川町1-16-12　TEL 042-397-8611

写真をご提供下さった方々
若月真琴（写真1-1，同3-11）
岩瀬　勝（写真1-2）
伊藤貴展（写真3-2，同3-3）
三宅貴仁（写真3-37）

住宅現場・公開講座　品質を守る設計図の見方・つくり方
2007年3月25日　第1版第1刷発行

著　者　力石眞一 ©
発行者　関谷　勉
発行所　株式会社 井上書院

東京都文京区湯島2-17-15　斎藤ビル
電話（03）5689-5481　FAX（03）5689-5483
http://www.inoueshoin.co.jp
振替00110-2-100535

装　幀　川畑博昭
印刷所　美研プリンティング株式会社
製本所　誠製本株式会社

ISBN978-4-7530-1988-5　C3052　　Printed in Japan

・本書の複製権・翻訳権・上映権・譲渡権・公衆送信権（送信可能化権を含む）は株式会社井上書院が保有します。
JCLS 〈㈱日本著作出版権管理システム委託出版物〉
・本書の無断複写は著作権法上での例外を除き禁じられています。複写される場合は,そのつど事前に㈱日本著作出版権管理システム（電話03-3817-5670,FAX03-3815-8199）の許諾を得てください。

住宅現場・公開講座
品質を守る木造住宅のつくり方

力石眞一　B5判・182頁　定価3675円

在来軸組工法による住宅工事において必ず守ってほしい施工の基本を，実際の現場における良い事例・悪い事例を工程順に示しながら解説する。

- ［1］家づくりの第一歩として押さえておきたい土地と木に関する初歩知識
- ［2］工事契約前までに確認しておきたいこと
- ［3］大工さんの仕事に関し契約後から上棟までの間に確認しておきたいこと
- ［4］鳶さんの仕事に関し契約後から上棟までの間に確認しておきたいこと
- ［5］建方作業に関し確認しておきたいこと
- ［6］上棟以降に大工さんが行う仕事に関し確認しておきたいこと
- ［7］上棟以降に大工さん以外の職人さんが行う仕事に関し確認しておきたいこと

住宅現場・公開講座
品質を守る木造住宅の計画と設計

力石眞一・中村茂　B5判・182頁　定価3675円

優れた施工品質を備えた木造住宅の設計に役立つよう，耐久性・安全性を確保した住宅設計の基本を，設計スケジュールに沿ってアドバイスする。

- ［1］土地の品質を知る
- ［2］建築主に木造建築を知っていただく
- ［3］施工者を探す
- ［4］架構を計画する
- ［5］コストプランニングをする
- ［6］架構を決定する
- ［7］その他の仕様を決定する
- ［8］設計図を描く
- ［9］工事契約への助言をする

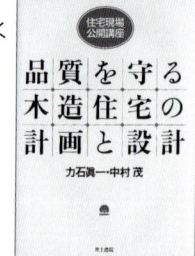

木造建築の木取りと墨付け

藤澤好一監修・田處博昭著　B5判・160頁　定価3150円

木造建築における大工の伝統技術について，木材の扱い方，加工と架構の方法の学び方，大工道具の使い方が理解できるよう，木取りから墨付け，加工，建方に必要な基本的な知識を作業工程に沿って図解した。大工の技能習得を目指す方や設計者にとって，軸組加工の基本と原理を知るうえでも貴重な手がかりとなる一冊。

建築士のためのシックハウス対策の手引き［改訂版］

住環境研究会＋美和建築研究室　A4判・160頁　定価2835円

シックハウスの正しい知識から未然防止対策のすべてを，基礎知識，設計段階，工事監理段階，施主への説明の順を追って，建築基準法の規定に基づきわかりやすく解説。建材の選定から生産・管理，使用制限や注意事項，換気計画・対策，施主への説明責任などのほか，瑕疵工事や欠陥部位もあわせて図解している。

図解　高齢者・障害者を考えた建築設計［改訂版］

楢崎雄之　B5判・212頁　定価3150円

高齢者や障害者が安全かつ快適に生活できる「バリアフリー住宅」の生活環境について，その基本的な考え方と，住宅や公共建築の設計・計画を行ううえでおさえておきたいポイントをわかりやすく解説。バリアフリー住宅設計指針とハートビル法に基づく，部屋別・場所別の設計基準や配慮すべき事項を具体的に図解する。

［住宅現場携帯ブック］組み上げる　木取り・墨付け編

藤澤好一・田處博昭
新書判・112頁
定価1932円

伝統木造軸組架構の組上げ手順がわかる。

［住宅現場携帯ブック］植える　樹木編

北澤周平・鈴木庸夫
新書判・136頁
定価1932円

249種の造園樹木をカラー写真で紹介。

［住宅現場携帯ブック］植える　作庭編

北澤周平
新書判・96頁
定価1680円

作庭および植栽の基本とポイントを詳解。

＊上記価格は消費税5％を含んだ総額表示となっております。